AF607496

OLIMPO

J. Tapia Rodríguez

Leyenda y misterio de los aztecas

BookTrade

· Mitología e historia ·

J. Tapia Rodríguez

Leyenda y misterio de los aztecas

LEYENDA Y MISTERIO DE LOS AZTECAS

Edita: Olmak Trade S.L.
C/ Roca Plana 1
08110 - Montcada i Reixac
Barcelona (España)

www.olmaktrade.com
info@olmaktrade.com

Impreso en España / Printed in Spain

I.S.B.N: 978-84-10109-94-0
Depósito Legal: B 22584-2024

A mis hijos,
Yuri y Ainhoa,
por cuyas venas
corre sangre azteca

PRÓLOGO

Las raíces

Volver a las raíces no es un trabajo sencillo, pero sí un deber latente, y, a veces, impostergable. Los hombres no somos otra cosa que plantas que se mueven, pero, plantas al fin y al cabo, seguimos teniendo raíces que continúan alimentándose de la misma tierra que las nutrió al nacer, porque la semilla original y primigenia no cambia de lugar a pesar del transplante. Mis raíces, esas mismas que voy arrastrando por medio mundo, siguen alimentándose del recuerdo terroso y húmedo que me vio nacer: México.

Hablar desde la distancia puede inducir a la memoria a ser selectiva, porque los efluvios del recuerdo dulcifican el pasado e idealizan el posible presente, así que espero la comprensión del lector si en algún momento me dejo llevar por la ponderación de unos recuerdos que se han transformado en mejores dentro de mi mente, sobre todo en lo que respecta a las leyendas aprendidas a través de la tradición oral

Por lo demás, basaré este libro en los datos obtenidos tanto en algunas novelas históricas como en diversos ensayos y códices aparecidos sobre el tema, donde no cabe más interpretación ni recuerdo que las autoridades citadas, y la confrontación que pueda aparecer entre ellas mismas.

Intentaré, sin embargo, lograr que este trabajo sea ameno, interesante y poco o nada farragoso, porque tengo la firme convicción de que no hace falta ser aburrido ni hacer ostentación de notas, referencias y detalles para convencer al lector de que lo que está leyendo tiene validez.

Ahora, hace más de 500 años del descubrimiento y a unos cuantos años de celebrar el quinto centenario de la conquista, posiblemente bajo la influencia del Quinto Sol Azteca, los valores de una gran raza que cedió su lugar en la Historia a las fuerzas de ocupación, vuelven a resurgir dentro de una sociedad mexicana mestiza y eternamente sincrética, lo mismo que en otras sociedades, las occidentales, que hoy vuelven sus ojos hacia esos mundos que pudieron haberse perdido para siempre bajo la nube de la modernización y el progreso.

México, como buena parte de Latinoamérica, ha mantenido latente la semilla de su pasado prehispánico. Los grupos étnicos son una buena muestra de ello, pero no lo son menos el 80 % de sus habitantes, en los que aflora sin ningún género de dudas la savia de aquel pasado floreciente, transmitiéndose genéticamente y abriéndose paso entre el crisol de razas y costumbres que conforman el México de hoy.

Las raíces siguen siendo las mismas, y ni las podas ni los esquejes ni los injertos ni los transplantes han podido evitar la transmisión de un pensamiento mágico que aflora en cuanto tiene un poco de espacio entre las diversas ramas y follajes que ocupan hoy la geografía mexicana, a pesar de los cambios y las sucesivas crisis que ha sufrido el país desde que los mexicas se hicieron con el dominio del lago de Texcoco. Desde entonces, el mexicano viaja poco, y, si lo hace, se lleva un trocito de su patria, ya sea guardado en un frasco de salsa picante o en el corazón, y deja algo suyo, una extensión de la raíz que sigue alimentándolo ahí donde vaya. Esa raíz tiene más de pensamiento mágico y de carácter, que de patriotismo o de realidad histórica.

Para el mexicano las cosas no son como son, sino como las vive y las siente, y precisamente de esta percepción del universo nacen sus leyendas y se crea su historia, por lo que su historia siempre se le antoja algo ajena, y sus leyendas le parecen simple y llanamente verdaderas.

Ésta es una de las razones por la que una buena parte de los libros sobre la historia, la mitología y las leyendas de México hayan sido escritos por alemanes, franceses y españoles; y que la preocupación por desvelar los misterios de una civilización como lo fue la azteca haya despertado más la curiosidad de los extranjeros que de los propios mexicanos. El mexicano, más que escribir, investigar o leer sobre su propia historia, cosmogonía y leyenda, las vive y las siente, simplemente porque desde siempre ha estado inmerso en todo ello y no requiere de referencias para situarse en su propio mundo, en su propia y particular realidad.

En fin, intentar explicar en un prólogo la sustentación y las motivaciones de los mexicanos, es poco menos que imposible, por eso es mejor que pasemos a mirar su historia, sus mitos y sus leyendas, porque quizá de esa manera sí llegaremos a entender un poco (un servidor como catarsis personal, y los lectores como observadores) ese misterio mágico y ladino que se encuentra detrás de la mirada de todos los mexicanos, y que no es otra cosa que esa semilla primigenia que los nutre a todos subiendo por sus ancestrales y presentes raíces.

JAVIER TAPIA RODRÍGUEZ

CAPÍTULO I
Breve historia de los Aztecas

«Y de que vimos cosas tan admirables no sabíamos qué nos decir, o si era verdad lo que por delante aparecía, que por una parte en tierra había grandes ciudades, y en la laguna otras muchas, e víamoslo todo lleno de canoas, y en la calzada muchas puentes de trecho a trecho, y por delante estaba la gran ciudad de Méjico.»

Bernal Díaz del Castillo

Al menos hasta ahora, y mientras no haya nuevos descubrimientos que digan lo contrario, los primeros habitantes del continente americano provenían de Asia, gracias a la última glaciación que permitió el paso, por el estrecho de Bering, de grupos nómadas que intentaban huir del frío, encontrar mejor caza o descubrir nuevas regiones de recolecta.

Este ir y venir de personas abarca varios miles de años. Según los prehistoriadores, las migraciones se sucedieron entre el 40.000 y 10.000 a.C., es decir, mientras duró la época glacial. Hace unos 12.000 años, por lo tanto, muchos grupos nómadas, al derretirse los hielos, no pudieron volver a Asia y tuvieron que quedarse en América.

Por supuesto, muchos otros grupos ya habían hecho del continente americano su casa, y después de vencer las dificultades de los largos y peligrosos viajes se asentaron en lugares como la península de Baja California, según lo demuestran las pinturas rupestres encontradas en la zona pertenecientes a la época magdaleniense (entre 20.000 y 10.000 a.C.), pero no empezaron a formar verdaderas civilizaciones hasta unos 2000 años antes de nuestra era, siendo la cultura olmeca la más representativa de la época.

Los mexicas (futuros aztecas) no aparecieron en escena hasta el año 1215 d.C., es decir, a principios del siglo XIII, y en un principio no eran más que una horda de cazadores nómadas bastante belicosos que lucharon por hacerse un lugar cerca del lago de Texcoco, ya que, según cuenta la leyenda, justamente en ese lugar habían visto la señal prometida por los dioses para fundar su hogar: un águila sobre un *nopal* (cactus) devorando a una serpiente.

Los mexicas decían venir de un lugar llamado Aztlán, situado al norte de la actual ciudad de México, pero sus referencias no respondían ni a las zonas selváticas de los huastecos ni al seco territorio de los chichimecas. Es más, una tribu como los chichimecas, que soportó los embates de todos sus vecinos y hasta de los conquistadores, difícilmente hubiera dejado pasar impunemente por su territorio a un grupo tan poco amigable como los mexicas. En fin, que la citada Aztlán parecía más un antiguo recuerdo de los mexicas que una realidad constatable en aquel o en este tiempo. La procedencia de su origen es uno de los primeros misterios que envuelve a la cultura azteca. Donde sí recordaban su paso, sobre el año 1100, era por Patzcuaro, dejando muy mal recuerdo entre los tarascos, señores del lugar, que terminaron por deshacerse de ellos enviándolos al Valle de México. Por lo tanto, la única referencia para tlahuicas, culhues y tlaxcaltecas es que los mexicas venían del «infierno», es decir, del noroeste, de las antiguas y ancestrales regiones del frío y la noche eternos.

En el 1256 de nuestra era, los aztecas por fin pudieron asentarse en el valle de México haciéndose un lugar en el monte de los saltamontes (Chapultepec), y desde ahí empezaron a crecer y a medrar entre sus vecinos, hasta que los señores de Culhuacán, caciques y amos del lugar, los echaron de Chapultepec.

Los mexicas huyeron, pero no demasiado lejos, ya que sólo se alejaron unos pocos kilómetros, justamente al otro lado del lago de Texcoco, por el sur, y desde ahí planearon su ataque definitivo sobre el lugar prometido por los dioses, y sólo dos años más tarde, en el 1325, fundaron la ciudad de Tenochtitlan, pero aún no eran los amos y señores de esas tierras, o, mejor dicho, de ese lago.

En un principio, y a pesar de su belicosidad constante, los mexicas se sometieron a los señores de Azcapotzalco, los tepanecas, que fueron los verdaderos vencedores de los diversos enfrentamientos que mantuvieron las tribus de la zona por más de 50 años. Entre 1376 y 1427 los tepanecas mantuvieron sus criterios sobre el valle, aunque poco a poco fueron perdiendo fuerza ante el empuje imperialista de los mexicas, que ya habían recuperado su denominación de origen, y ahora se hacían llamar los señores de Az, o aztecas.

Los tres primeros *tlatoani* (reyes o jefes supremos) aztecas, Acamapichtli (1376-1396), Huitzilihuitl (1396-1417) y Chimalpopoca (1417-1427), en cierta forma, mantuvieron buenas relaciones con los tepanecas, sobre todo los dos primeros, pero el tercero, a pesar de seguir expandiéndose ante el recelo de los tepanecas, no acababa de decidirse entre seguir las buenas relaciones con sus vecinos o expandirse definitivamente y prescindir de ellos. Pero Chimalpopoca no pudo hacer ninguna de las dos cosas, porque fue asesinado por Maxtla, señor de los tepanecas, llamado el usurpador, quien no estaba nada contento con el poder que día a día iban ganando los aztecas. Maxtla creyó que matando al jefe los vasallos cederían, pero el consejo azteca no se acobardó, cerró filas, y enseguida se reunió para designar un nuevo *tlatoani* que rigiera el destino de los aztecas.

De esta manera Itzcóatl sucedió a Chimalpopoca en el trono azteca (1427-1440), y ayudado por su segundo de a bordo (su *cihuacóatl*), Tlacaelel, gran sacerdote y reformador religioso, pactó con los principales caciques, también sometidos por Maxtla, e inició la revuelta contra los tepanecas. Unos meses después, Maxtla caía derrotado por los aliados, y a comienzos del 1428 se dio por terminado el dominio tepaneca en la zona.

Mientras Itzcóatl estuvo en el mando los aztecas progresaron ostensiblemente, pero no fue hasta la llegada de Moctezuma I (1440-1469), cuando el imperio azteca floreció como tal, imponiéndose a los pueblos más cercanos, obligándolos a pagar tributo y a seguir sus costumbres. Axayácatl (1469-1481) fue el sucesor de Moctezuma I y logró nuevas conquistas, aunque fracasó ante los organizados tarascos, quienes tenían malos recuerdos de los antepasados de los aztecas, y no estaban dispuestos a someterse a unos «salvajes» como aquéllos.

Tras un período de conquistas, llegó al poder Tizoc (1481-1486), un monarca demasiado sensible para los deseos e intereses de la corte, quien se dedicó más a administrar y «educar» lo conquistado, que a conquistar nuevos pueblos. En un principio les pareció bien a los sacerdotes que los pueblos sometidos se sumaran al estilo de vida azteca, pero en unos cuantos años, al ver los costes de dicha empresa, y al encontrarse limitados a unos tributarios cada vez más domesticados, pero menos pagadores y cada vez menos respetuosos, decidieron deponer al bueno de Tizoc, pero, al no encontrar una fórmula «razonable» para pedirle que dejara el puesto, lo asesinaron e inmediatamente después se reunieron para elegir a Ahuitzotl (1486-1502), un prometedor tlatoani.

Ahuitzotl, efectivamente, respondió a las expectativas de la corte, y en un tiempo relativamente corto, llevó a los aztecas a dominar prácticamente todo el centro y el sur de México (Guatemala incluida), desde el golfo de México hasta el océano Pacífico. Los guerreros aztecas eran acicateados por la figura de su monarca, un rey verdaderamente guerrero que no dudaba en ir al frente en las batallas.

Ahuitzotl no sólo fue un gran guerrero, también fue un fuerte líder religioso, un buen diplomático y hasta un reputado economista, ya que además de ampliar su imperio por la fuerza, supo convencer y comerciar con los pueblos vencidos, abriendo las puertas del imperio a pueblos más alejados.

A los esfuerzos de Ahuitzotl siguió el gobierno de Moctezuma II (1502-1520). Moctezuma II, ante todo, fue un estadista, un estratega, un líder en todos los ámbitos del mundo azteca. Por primera vez había un rey que imponía su criterio al de los sacerdotes del consejo elector, porque, en cierta forma y dentro del pensamiento mágico religioso de los aztecas, el fin del Quinto Sol estaba a punto de suceder, cuando los calendarios ritual, solar y venusino coincidieran en el año 1-Caña, trayendo consigo la muerte del mundo conocido y la aparición de un nuevo mundo, de un Sexto

Sol, y si Quetzalcóatl, el esperado, no bajaba en su fuego sobre Teotihuacán, los hombres serían barridos por los movimientos de la Tierra.

Moctezuma II era todo un gran sacerdote, un verdadero mago amado y temido por su corte y por su pueblo, y en los últimos años de su reinado se dedicó más a las cosas del espíritu que a las cosas de los hombres. El imperio perdía fuerza, y los señores de Cholula y de Tlaxcala dejaron de pagar tributos y de sentirse ligados y sometidos por los aztecas. Un par de pequeñas rebeliones bastaron para que ambos pueblos se sacudieran el dominio de un imperio que los superaba en todo.

Moctezuma II contempla un cometa que anuncia un próximo desastre (miniatura del *Códice Durán*).

No se puede decir que el Imperio Azteca haya entrado en decadencia, porque las ciencias y las artes estaban en su apogeo y muchos de los pueblos sometidos acataban sin más los lineamientos del emperador azteca. Lo que sí se puede decir es que Moctezuma II entró en un estado abúlico, con respecto a los problemas mundanos, y se retiró a su palacio a esperar la llegada del fin de los tiempos.

Muchos fueron los monarcas de pueblos cercanos y lejanos que intentaron convencerle de «partir». Incluso su hermana, una reputada sacerdotisa, avistó malas señales y le recomendó que «desapareciera», pero Moctezuma II no hizo caso a nadie, mandó desterrar a su hermana a Cuauhnahuac, y siguió dirigiendo su imperio a la espera del año 1-Caña.

La aparición de los españoles (seres con pelos en la cara y con cuatro patas), ya era conocida y considerada como una amenaza bélica por Ahuitzotl, pero lo que para Ahuitzotl era un problema de estado, para Moctezuma II era una señal más. De esta manera, cuando los españoles aparecieron por la carretera de Ixtapalapa, Moctezuma los recibió como enviados de los dioses y «abdicó» de sus obligaciones para atender a tan elevados personajes.

Ante tal desatino, los consejeros intentaron deshacerse de los intrusos, pero encontraron una fuerte oposición en Moctezuma II, quien se tomó como una ofensa personal el mal trato recibido por sus «invitados», y prohibió tajantemente que se les hiciera daño. Moctezuma II dejó de ser monarca, pero continuó siendo sacerdote supremo. De esta manera, el consejo, en plena guerra con los españoles «intocables» y las hordas tlaxcaltecas y cholulas que se habían sumado a los extranjeros en la revuelta, nombraron a Cuauhtemoc (1520-1525), señor de Tlatelolco, nuevo *tlatoa-*

ni azteca, y repelieron a los invasores hasta más allá del lago de Texcoco.

Moctezuma II, aunque ya no era rey, seguía teniendo un gran peso en la corte, e intentó por todos los medios que se volviera a recibir a los españoles como invitados personales, pero esta vez su debilidad por las señales celestiales le perdieron, ya que el pueblo mismo, instigado por el consejo elector, lo consideró un traidor y lo lapidaron frente a su palacio cuando él intentaba convencerlos de aceptar a los extranjeros como mensajeros divinos. Así murió Moctezuma II, apedreado por su propio pueblo.

Cuauhtemoc, a pesar de ser un excelente guerrero, no estaba muy versado en los asuntos religiosos, ni en la organización política ni en los estratagemas militares, y así, en pleno caos de las instituciones aztecas, con un *tlatoani* que no era relamente un *tlatoani*, sino un simple cacique de un pueblo vecino elevado a un cargo en un momento de crisis, los españoles se reagruparon con los grupos indígenas rebeldes y volvieron a la carga en contra de Tenochtitlan sin encontrar apenas resistencia.

Los grandes sacerdotes y los consejeros reales prácticamente se esfumaron. Muchos de los generales aztecas no reconocían las órdenes de Cuauhtemoc, el pueblo estaba completamente perdido, y los españoles se apoderaron de Tenochtitlan casi de la misma forma en que los mexicas se hicieron con el centro del lago de Texcoco 200 años atrás.

Pero Cuauhtemoc no fue depuesto inmediatamente, sino que fue hecho prisionero por los invasores en el palacio real, y desde ahí, sometido por sus «huéspedes», vio la desmantelación de su pueblo.

Finalmente, el 28 de febrero de 1525, Cuauhtemoc fue

ejecutado por los españoles, y Cortés y su tropa, sus defenestradores, ni siquiera lograron el poder de las tierras conquistadas porque la Corona tenía otras intenciones.

Cuauhtemoc fue el último emperador azteca, y con Sexto Sol o sin él, y sin la llegada esperada de Quetzalcóatl, México entró en una nueva era y pasó a ser la sede central de la Nueva España.

Cortés obtuvo ciertas riquezas y fue acogido por el pueblo *tlahuica* en Cuauhnahuac (Cuernavaca), se casó con una nativa, construyó un palacio y vivió medianamente bien como un cacique menor más, apartado de todo poder político y militar. Su hijo, Joaquín Cortés, mestizo como lo serían la mayoría de los mexicanos desde entonces, fue repudiado por la hija del virrey a pesar de su noble ascendencia.

Bernal Díaz del Castillo, participante y cronista de excepción, aunque tardío, de la conquista, murió en Guatemala a los 83 años de edad sin pena ni gloria.

Ninguno de los participantes de la epopeya de la conquista del nuevo mundo, ni entre los vencedores ni entre los vencidos, obtuvo nada positivo, sino todo lo contrario: fueron barridos por los movimientos de la Tierra, ahogados por el peso del Quinto Sol saliente, y olvidados por la incursión del Sexto Sol entrante.

Muchos de los pueblos, o grupos étnicos como les llaman ahora, salieron ilesos de la conquista y se mantuvieron en sus aldeas, alejados de la civilización, los intereses comerciales y el progreso, prácticamente hasta hace pocos años.

Es más, y salvando algunos detalles, aún existen comunidades indígenas que viven prácticamente de la misma manera que en tiempos de los aztecas.

Chichimecas, chatinos, yopies y tlapanecas, entre otros,

jamás fueron dominados por los aztecas, y tampoco fueron dominados ni por la Iglesia ni por los españoles.

La Iglesia fue, con bastante ventaja, más conquistadora y sometedora que las tropas más zafias y crueles. La cruz conquistó muchas veces lo que no pudo conquistar la espada, ya que los mexicanos de aquel tiempo, al igual que su rey Moctezuma, se dejaron dominar por su pensamiento mágico, y cedieron ante las señales, lo que no habían cedido ni ante la pólvora ni ante las nuevas enfermedades.

La población del Imperio Azteca llegó a constar de 16.800.000 habitantes aproximadamente, tuvo escuelas, arte, escritura, poesía, universidades (como la de Xochicalco), colegios artesanales, sistema de moneda y cambio con el cacao. La joyería era exquisita, las ciencias astronómicas y matemáticas no desmerecían ante las de Occidente. También contaban con toda una organización social perfectamente estratificada, y aunque la poligamia estaba permitida, la mayoría practicaba la monogamia.

Su sistema religioso podría parecer un poco salvaje a los europeos, pero uno de los factores por lo que los pueblos autóctonos aceptaron tan fácilmente a los invasores era precisamente porque en la religión católica los fieles se comían a su dios, es decir, que practicaban, como ellos, la antropofagia ceremonial.

Los aztecas sacrificaban a sus seguidores en el altar sacándoles el corazón para ofrecerlo a los dioses, mientras que los católicos quemaban a sus ovejas descarriadas en plazas públicas para entregar su alma purificada a Dios. En suma, que ambas religiones eran igualmente redimidoras de tributo cruel y sanguinario a sus respectivos dioses, y los curas católicos eran tan vehementes y castrenses como los sacerdotes aztecas. No es de extrañar, por tanto, que dos culturas tan aparentemente diferentes, hayan encontrado varios puntos de unión, y que de ahí se haya dado el tremendo mestizaje y sincretismo que sigue campeando hasta nuestros días.

Por supuesto, no se debe ni se puede confundir a todo el México actual, ni al del pasado, con los aztecas, que al fin y al cabo sólo dominaban una parte del vasto territorio, sin embargo, sí se puede decir que el espíritu autóctono, desde el norte de Canadá hasta la Patagonia, era muy parecido.

El resto de la historia de México, desde la colonia hasta la independencia, y desde la revolución hasta nuestros días, es competencia de otros libros y de otros trabajos. El nuestro se reduce, de momento, a la cultura azteca, una cultura que extendió su idioma, su religión y sus principios culturales, morales, religiosos y políticos sobre varios millones de habitantes (el nahuátl, o lengua azteca, se sigue hablando hoy en día entre más de un millón de personas), imponiendo en menos de doscientos años toda una forma de pensar y de sentir: un pensamiento mágico y mítico que aún funciona y se expande en nuestros días.

CAPÍTULO II

Un día en la vida de Xotchil y Xon

> «Bernal Díaz del Castillo terminó su *Historia verdadera de la conquista de la Nueva España* en el 1568, a los 73 años de edad, cuando vivía en Guatemala, buscando más el propio tiempo perdido, que la realidad de un mundo desaparecido.»
>
> CARLOS FUENTES

Xotchil Acatl, o Flor de Caña, era uno de tantos personajes anónimos de la Tenochtitlan de Moctezuma II, sin más relevancia dentro de la sociedad que la de pertenecer a una humilde familia de orfebres con antepasados mixtecas. Su madre, Nanatza, tan anónima como su hija, había tenido desde siempre la ilusión de que Xotchil fuera escogida como una de las vírgenes que se ofrendaban a Huitzilopochtli, pero por una o por otra razón, ni los sacerdotes del *calpan* (barrio) al que pertenecía su *calpulli* (grupo o familia), ni los consejeros ancianos se fijaron jamás en ella para tan grande aspiración.

Cuando Xotchil veía llorar a su madre de frustración año tras año, desde que ella cumpliera los diez (ahora estaba por cumplir quince), la acompañaba respetuosamente en su llanto. Pero Xotchil no lloraba de emoción al ver a sus amigas o primas subir al altar de los dioses, y tampoco lloraba por envidia o frustración al no haber sido escogida, sino que lloraba por empatía con su madre, por simple contagio de lágrimas sentidas, pero nada más, ya que en el fondo de su corazón, al que quería como a sí misma, no tenía el menor deseo ni intención de convertirse en una elegida.

Ella, en realidad, quería entregar su corazón, sin que se lo sacaran del pecho, a Xon, hijo de unos comerciantes de Ixtapalapa que habían vuelto hacía un par de años de Xoconochco.

Era curioso, pero desde antes de conocer a Xon, Xotchil ya deseaba convertirse en esposa y no en virgen predestinada. Sabía dentro de su alma que había alguien para ella, alguien como su padre lo fue para su madre, la bella Nenetza.

El día que cumplió los diez años, Xotchil fue corriendo a despertar a su madre para comunicarle que ya era mujer, y que ya estaba lista para casarse, pero Nenetza no puso atención a lo de casarse, porque en sus oídos se había quedado prendada la frase «ya soy mujer», como ella misma lo había sido también a partir de los 10 años.

–Eso se lleva en la sangre, hija, y tú ya eres una azteca con todos los derechos y obligaciones, no como yo, que aún soy medio mixteca.

Xotchil no alcanzaba a entender lo que le quería decir su madre con esas palabras, pero sí comprendió que lo de casarse no estaba claro, y que no había sido suficiente el haberse convertido en mujer para merecer la compañía de un hombre.

De haber sido una yopie, en lugar de una azteca, le hubiera contestado a su madre que se dejara de tonterías, que no le importaba el ser azteca o no, y que lo que ella quería era encontrar un hombre para compartir el petate. Pero no era una yopie de esas que mandan sobre sus tierras y sobre sus hombres, sino una azteca que vivía en la ciudad más grande y hermosa del mundo, y, por lo tanto, debía comportarse como tal y no dar motivos de escándalo para su madre.

Nenetza había luchado mucho para ser aceptada en el *calpan*, ya que toda su familia apenas si era bien vista en el *calpulli*. Los orfebres mixtecas que habían emigrado a la fuerza a Tenochtitlan, a pesar de su aparente alegría y su pronteza a confraternizar, no deseaban realmente integrarse a aquel mundo extraño, y desde que llegaron intentaron mantenerse alejados de los calpullis de los nativos de Tenochtitlan, pero el padre de Nenetza se enamoró de Cihuatl, una azteca de cepa, se casó con ella e introdujo en la sangre de sus antepasados la sangre de los mexicas. Precisamente de esa mezcla nació Nenetza, mitad mixteca y mitad azteca, y desde que tuvo uso de razón hizo lo imposible para que los de su familia se integraran plenamente al resto de las familias de orfebres que componían su *calpulli*.

Por supuesto, a la bella Nenetza le hubiera encantado ser una de las vírgenes elegidas para el sacrificio, pero creyó que sería más útil a su comunidad casándose con un orfebre azteca, y así lo hizo, de esa manera sólo un cuarto de sangre mixteca correría por las venas de sus hijos y ya nadie los podría tratar como forasteros.

Nenetza se casó a los once años recién cumplidos, y a los trece ya era madre de Xotchil, y desde que la tuvo por primera vez entre su pecho, se prometió que la llevaría a la Piedra del Sol para que logrará lo que ella no había podido lograr.

Nenetza adoraba los rituales de cualquier *cue* (templo), y se sumaba a todas las fiestas religiosas que podía, ya fueran solares, lunares o venusinas, intentando persuadir a los sacerdotes de que no habría mejor ni más bella virgen para

Huitzilopochtli que Xotchil Acatl, su hija.

Las fiestas religiosas que más le gustaban eran las de tenor militar (para los aztecas lo divino y lo militar, los dioses y la guerra, estaban íntimamente vinculados), porque su pecho se inflamaba de emoción y deseaba entregarlo a su dios sin más dilación, pero también amaba las fiestas de Xochipilli (dios de las flores y la juventud), por su derroche de colores y de perfumes, y porque bajo la influencia de este dios dio nombre a su hija querida.

Los sacerdotes nunca llegaron a tomar en serio a Nanatza, la bella, como no tomaban en serio a ninguna de las sacerdotisas frustradas, y las consideraban más brujas que mujeres religiosas, y más una fuente de desvíos y tentaciones para los jóvenes aspirantes, sobre todo si eran bellas como Nanatza, que unas verdaderas y válidas ayudantes en las ceremonias.

Nanatza, como la hermana del emperador, tenía visiones y oía voces que le hablaban de las cosas que pasaban a lo lejos en la distancia o en el tiempo, pero se cuidaba mucho de decirlo a los demás para no caer en desgracia frente a los ojos de los sacerdotes. Una de estas visiones era la de su hija amando a un hombre extraño que estaba junto a unos monstruos bastante feos, fláccidos y con pelo en el cuerpo y sin pelo en la cabeza, y mientras más se le venía esa imagen a la cabeza, más quería verla entregando su corazón a Huitzilopochtli, porque el hombre extraño visionado, más que un dios, le parecía un demonio de mal fario, un ser impío que infectaría el cuerpo y el alma de su hija.

Xotchil, ajena a los temores visionarios y a las exaltaciones espirituales de su madre, conoció a Xon a los trece años, al regresar de Tlanepantla, después de haber participado en la fiesta de la Tonatzin. Lo volvió a ver unos meses después en

Xochimilco, precisamente en una fiesta de las flores, y supo que su amor y su destino estaban marcados, y que jamás subiría al altar de los dioses.

El problema era cómo explicárselo a su madre sin faltarle al respeto. Quizás en uno de los *huhuetlatolli* (reunión en la que la gente se sentaba a escuchar las historias que contaban los más viejos), cuando un anciano contara una historia parecida a la suya, ella podría insinuar a su madre que se encontraba en una situación similar, pero últimamente los ancianos sólo contaban leyendas religiosas que se referían al regreso de Quetzalcóatl, o bien, historias divertidas de sexo y de muerte con las que intentaban instruir y aconsejar a los más jóvenes; pero de historias de amor o de vírgenes que no querían ir a la piedra de los sacrificios, no decían nada de nada.

Xotchil no necesitó enfrentarse a su madre, aunque quizá lo hubiera preferido, porque los padres de Xon se tomaron la libertad de enviar regalos a su casa, pretextando querer hacer amistad, y no pretender nada más que ser invitados a casa de los orfebres para ver si podían hacer algún negocio, porque, al fin y al cabo, ellos se dedicaban al comercio.

No hacía falta ser un ocelote (especie de tigre o lince local) para darse cuenta que unos desconocidos no buscaban la amistad en otro calpulli si no era con intenciones de boda.

Nanatza se puso como una fiera e insultó a su hija con toda la rabia posible, y no le dirigió la palabra durante tres meses, toda una eternidad para Xotchil, acostumbrada como estaba a ser la sombra de su madre en todas partes. Durante esos tres meses se recriminó no haberle dicho a su madre sus verdaderas intenciones.

—Lo que más me duele —decía Nenetza hablando al

aire cuando Xotchil estaba cerca—, es el haberme enterado por terceros, por unos extraños, por unos vagos comerciantes que no saben hacer nada ni con las manos ni con la imaginación.

Entonces Xotchil sentía como una punzada en el pecho, y la garganta se le llenaba de *ajolotes* que no desaparecían hasta que había llorado un largo rato.

Xon ya había perdido toda la esperanza, cuando un buen día cercano a la fiesta de Miquixtli (la muerte), hasta su casa llegó un mensajero que invitaba a sus padres al *calpulli* de los orfebres.

Nanatza, una vez consumida su rabia, comprendió que era mejor entregar a su hija en brazos de un joven azteca, que verla convertida en la amante de un demonio, como tantas veces había visionado, así que dejó que su marido hiciera el papel que le correspondía, y que ofreciera la hospitalidad pedida a los comerciantes de Ixtapalapa.

Xotchil estaba loca de alegría, pero hasta su rostro sólo se asomaban dos arreboles rojos, y un brillo en sus ojos que ella escondía agachando la cabeza para que nadie viera lo feliz que se sentía.

Cuando las visitas de ida y vuelta cumplieron su ciclo, y cuando los consuegros habían por fin aceptado los mutuos regalos y entrado en razón en la cstipulación de las dotes, Xotchil se preparó para irse a vivir al *calpulli* de los comerciantes, tras la fiesta y la ceremonia que se daría esa misma noche, bajo la influencia del año 1-Caña.

Pero la fiesta no duró una sola noche, sino tres (un azteca era capaz de empeñar su patrimonio para celebrar una fiesta), y al final el novio y los invitados estaban tan cansados y tan hartos de pulque, que se quedaron a dormir todo el cuarto día, y en el quinto día, en que debían de partir con la desposada, estaban tan atontados que se olvidaron de ella y se fueron a dormir un día más a sus aposentos en Ixtapalapa.

El sexto día fue un tormento para Xotchil, pero por fin, al séptimo día, Xon se presentó con los ojos llorosos y la mirada clavada en el suelo, para solicitar que Xotchil lo acompañara, caminando siempre detrás de él, hasta su nueva casa, un *jacalón* de adobe brillante y paja bruñida que él mismo había levantado cerca del cerro, en pleno centro del *calpulli* de los comerciantes de Ixtapalapa.

Xon se adelantó al llegar al *tianguis* (mercado), hasta un puesto de cacao para regalar a la novia con dicha bebida. Quería cortejarla, y lograr que perdiera los arreboles de sus mejillas antes de llegar a su nueva casa. Ella se hizo la ofendida y se opuso al cortejo, pero Xon insistió ofreciéndole unos *tamales*, un poco de *pulque* o unos *tequesquites*. Finalmente ella aceptó el cacao, amargo y refrescante, y tocó con su codo el cuerpo de su marido en señal de cariño.

En el *tianguis* compraron algunas provisiones y oyeron recitar a un anciano versos de Netzahuatlcoyotl: «¡Qué fugaz es la vida!, qué fugaz!», en espera de que alguien le diera algo a cambio de su recital, y Xon le arrojó, generoso, una cáscara de cacao, y es que estaba feliz y quería demostrarlo.

Pasaron por un puente y subieron a una *akaltontli* (embarcación típica mexicana), y oyeron a los viajeros hablar de cosas extrañas y maravillosas. Cuando estaba del otro lado del lago de Texcoco y continuaron a pie su andadura hasta la nueva casa, Xotchil se dirigió a su marido con libertad.

–¿Es cierto lo que decían esos hombres?

–Una mujer no debe escuchar las cosas de los hombres.

—Sí, sí, ¿pero es verdad?

—No lo sé.

Xotchil se moría de curiosidad, así que insistió a pesar del mutismo de su esposo.

—¿Es que tú no sabes nada?

—Una mujer no debe hacer caso de lo que habla la gente.

—Y entonces de quién voy a hacer caso, ¿de lo que hablan los animales?

Xon se dio por vencido, dio un sorbo al guaje de pulque, y soltó la lengua.

—Puede que sí, puede que sea verdad lo que dicen que dijeron, lo que dicen que oyeron decir. Yo he oído decir muchas cosas, casi tantas como las que oía decir en Ayotlán o en Xoconochco, y al principio creí que eran cuentos de viejas, cosas de locos, pero como cada día se vienen repitiendo…

—Entonces es cierto que a Tuxtla han llegado hombres y mujeres sin color en la piel.

—Eso parece, a menos que todos hayan tomado peyote, o raicilla, o cualquier otra cosa que abra la mente al mundo de los sueños y la fantasía.

—Y ya estarán por llegar, como dicen, o nunca se atreverán a asomar las cabezotas.

—A mucho se atreven. Los que vienen a comprar *piloncillo* o a vender sal a casa de mi padre, dicen que ya los tenemos encima, y que ya han hecho amistad con los cholulas y los tlaxcaltecas.

—¿Y hay muchos?

—Los que vienen por delante son pocos, pero detrás de ellos, eso dicen que dicen, vendrán muchos más, en casas flotadoras, como ellos, con sus mujeres, sus bestias y sus hijos.

—¿Habrá guerra con ellos?

—Siempre hay guerra en Tenochtitlan. Nosotros mismos, que no somos más que simples comerciantes y no valientes soldados, también hacemos la guerra.

—¿Cómo?

—Espiando a los otros pueblos al comprar y al vender. Contándole a los guerreros y a los sacerdotes lo que nos dicen los viajeros de otros pueblos al calor del pulque, o en el regateo de la venta.

—Entonces, desde ahora yo también seré una espía.

—No, las mujeres no son guerreras.

—Las chichimecas sí.

—Pero tú no eres chichimeca.

—Pues como si lo fuera.

—Eres como tu madre.

—Es la sangre mixteca.

—No, es el saberte hermosa, como tu madre, lo que me hace hablar, lo que debilita al hombre.

—Eso no quiere decir que te vaya a faltar en el *nixtamal* o en el petate.

—Más te vale.

—¿Y es cierto que son como monstruos?

—No los he divisado…

—Pero te lo han contado.

—Como monstruos son, más feos que el *nahual* (hombre-monstruo que se convierte en coyote en las noches mágicas o de luna llena, también brujo o bruja), más terribles que una aparición, pero de sangre y carne son, y viven, comen, mueren y las mujeres van detrás de los hombres y los hombres detrás de las mujeres.

Callaron por un momento al entrar en la calzada de

Ixtapalapa, no fuera a ser que los vieran hablando tan libremente y caminando juntos. Eso estaba bien para las mujeres yopies, que cogen de la mano a sus hombres y los tratan como sus iguales, pero ella era una azteca y tenía que guardar las formas.

De pronto, la tierra se estremeció levemente bajo sus pies, y Xon supo de inmediato que por la calzada, no demasiado lejos, venía mucha gente. Sintió un vuelco en el corazón y corrió hacia unas matas que había al borde del camino, mientras Xotchil, cargada con los víveres, intentó seguirle con la misma celeridad, porque de pronto y sin saber por qué, se sintió muy asustada.

Detrás de las matas se quedaron jadeando un rato, pero, en cuanto sintieron el barullo más cercano, se quedaron quietos y callados como piedras. Y fue entonces cuando vieron a esos extraños seres embutidos en metal y sobre unas fieras altas y resoplonas, y sintieron que el mundo se les venía abajo, como si se abriera un gran hoyo bajo sus pies y hasta el cielo mismo fuera tragado.

Detrás de los españoles venían varios tlaxcaltecas, con las armas bajas, pero con armas, como si temieran que de un momento a otro los aztecas les salieran al paso para guerrear.

Pero por ahí no había más aztecas que Xon y Xotchil, que en lugar de quedarse detrás de los matorrales, quietos y atemorizados como estaban, empezaron a correr por las veredas que bordeaban la calzada para seguir viendo a los extranjeros.

—Llevan vestidos de guerra y escudos como espejos pegados al pecho —dijo Xon de pronto.

—Pero no tienen cara de lucha —se atrevió a contestar Xotchil.

Sin darse cuenta, la pareja estaba recorriendo el camino de regreso a Tenochtitlan, pero no por el lago, sino por el camino de los puentes, como si fueran para Coyoacán o Taxqueña.

Los españoles, como decía Xotchil, no tenían el ceño fruncido ni parecían dispuestos, como los tlaxcaltecas a disputar una batalla, sino todo lo contrario, parecía que andaban de paseo, con los ojos de plato, completamente abiertos, viéndolo todo sin ver nada, embobados.

A medida que se acercaban a la ciudad, por la calzada y las veredas iban apareciendo gente y más gente, unos labrando sus tierras, otros alimentando a los *tepezcuintles* (perros negros, calvos y generalmente mudos) para engordarlos y comérselos en una próxima fiesta, otros cargando mercancías para un lado y para el otro, otros remando sobre las *akaltontlis,* y, aunque todos estaban muertos de curiosidad, casi nadie se atrevía a acercarse a ver a los forasteros de cerca. Unos cuantos emulaban a Xon y a Xotchil, y corrían entre las cañas para no perderse el espectáculo, pero ninguno de ellos se atrevía a saltar a la calzada.

Salir a dar la bienvenida y a ofrecer regalos, pensaban la mayoría, era cosa de tarascos, o de otomíes, pero no de aztecas. Un azteca debía mantener el orgullo de pueblo dominante, y no dejarse impresionar por cualquiera. Pero Xon y Xotchil eran demasiado jóvenes para mostrarse indiferentes, y, casi casi sin darse cuenta, terminaron caminando al lado de los caballos justo cuando el grupo entraba en el Camino Real, y entonces vieron algo que les asombró tanto como los extranjeros: una comitiva de jóvenes vírgenes que salían a recibir a los extraños visitantes tirando pétalos de flores a los pies de los caballos y de ellos mismos, una aprendiz de orfebres y un aprendiz de comerciantes recién casados, como si ellos también formaran parte de los invitados.

Por eso no pudieron ver cómo un grupo de guardias retenía a los tlaxcaltecas, mientras que los españoles se enfilaban hacia el palacio, más embobados que nunca.

Xon, de pronto, sintió que estaba fuera de lugar, miró hacia atrás, y se espantó de no ver a los tlaxcaltecas que venían detrás de los caballos hasta hacía un momento. Codeó a Xotchil para indicarle lo que estaba pasando, haciendo gestos con los ojos y las manos pero sin atreverse a oír la boca, esperando que Xotchil le entendiera.

Xotchil no le entendió, y entonces él la cogió por el rebozo donde llevaba los víveres, intentando sacarla de ahí cuanto antes, pues presentía un peligro inminente sobre sus cabezas. Xotchil no alcanzó a volver la vista hacia él, porque otro brazo, más poderoso que el de Xon, la cogió de la mano y la hizo ponerse al lado de otras nativas, unas mujeres que iban caminando entre los caballos también cargando víveres en sus morrales y en sus rebozos. No supo qué pensar ni qué decir, sobretodo porque, entre tanto ver a esos hombres con pelos en la cara y a esas bestias resoplonas, no se había dado cuenta de las mujeres que los acompañaban.

Xon intentó gritar, pero otros brazos, los de un caballero ocelote, sin duda, lo cogieron del cuello y lo arrastraron fuera del desfile, sin dejarle emitir sonido y haciéndole perder el sentido. Despertó varias horas más tarde encima de un montón de desperdicios del *tianguis* donde esa misma mañana había comprado un poco de cacao para beber y quitarse la calor.

Un elegante azteca según el Códice Ixtlilxochitl (siglo XVI)

¿Dónde estaba su mujer? ¿Cómo iba a decirle a los suyos que había perdido a su esposa? ¿Cómo iba a explicarle a Nenetza que no supo defender a su hija? Por un momento deseó ser un jugador de pelota, pero no uno cualquiera, sino uno de aquellos que ponen su vida a disposición del juego, los de la grandes celebraciones, que si no ganan la partida encuentran la muerte. Pero él no era ningún atleta, y mucho menos uno de los elegidos para jugar en las grandes celebraciones de Teotihuacán. Tampoco tenía valor para quitarse la vida con sus propias manos y lavar así el deshonor de haber perdido a su mujer antes de haberla tomado como tal. Sin embargo, le parecía que cualquier cosa sería mejor que enfrentar a Nenetza.

Sus padres comprenderían, y quizá le ayudarían hasta a mentir, diciendo que Xotchil se había escapado, o que se la había comido el nahual, o que ellos mismos la habían castigado con la muerte por haber cometido una falta grave. Quizá los viejos del consejo se avendrían a secundar la mentira si su padre les daba buenas mercancías. ¡No!, nada de eso serviría, Nenetza lo sabría todo de una o de otra manera, porque ella misma era medio nahuala, y entonces la vergüenza sería derramada sobre su alma para siempre.

Se tocó el cuello adolorido, miró el suelo, suspiró, y pensó que lo mejor era huir, escapar, buscar la muerte entre los chichimecas o buscar el olvido entre los hongos de los *huautlas*. Cualquier cosa sería mejor a quedarse ahí, esperando a que la vergüenza lo alcanzara.

Mientras tanto, Xotchil estaba sentada, en cuclillas, junto a otras mujeres. Algunas sabían nahuatl, y cuchicheaban entre ellas. Otras hablaban lenguas que ella no reconocía. Incluso había unas mujeres que llevaban vestidos muy extraños; entre éstas, las había con color en la piel y el cabello negro, pero otras eran descoloridas de piel y de cabello, y se reían descaradamente y hablaban a gritos con un acento seco e ininteligible. La única que le pareció imponente, era aquella a la que llamaban Malintzin, la que iba a caballo entre la tropa, la que hablaba todas las lenguas, la de regios rasgos del sur, con la belleza que su madre le había contado que tenían las antiguas princesas mayas. Ella mandaba entre las mujeres, y, aunque no se parecían mucho, le recordaba tremendamente a Nenetza, su madre.

Quería hablar con ella y decirle: «Malitzin, señora, yo tendría que estar en mi *jacal*, junto a Xon, mi marido, y no aquí, pero me encandilé y me perdí, y me jalaron para adentro, pero yo no conozco a nadie aquí, y tengo mucho miedo y muchas ganas de llorar, ¡ayúdame!», pero cuando tuvo la oportunidad no se atrevió, y ahora la Malitzin estaba con los señores, oyendo lo que todos hablaban y contándoles lo que cada quien decía, y si el parlamento se alargaba, no podría hablar con ella antes de que anocheciera.

Xon, en lugar de huir, o de ir con Netetza o con sus padres para contarles lo que había pasado, se fue directamente al palacio real a pedir audiencia, a ver si por ahí estaba Xotchil, porque él bien clarito había visto que la habían metido entre los caballos, y antes de perder el conocimiento le había parecido ver que el cortejo real se cerraba detrás de ella, y, por lógica, tendría que estar ahí dentro, aunque ese no fuera lugar de vasallos ni de comerciantes ni de orfebres, sino de señores, sacerdotes, consejeros y reyes.

—Ya saldrá —le dijo un viejo sacerdote de poca graduación—, en cuanto a los invitados se les ofrezcan nuevas y más hermosas mujeres.

—¿Y eso cuándo será? —preguntó Xon olvidándose de las formas y el respeto.

—Esta misma noche —respondió el sacerdote, entre divertido y molesto—, o tal vez mañana, o pasado mañana. No tienes más solución que esperar.

—¿Dónde?

—Por la puerta del canal, pero no te acerques mucho, no vaya a ser que los guardias te confundan con un enemigo y te maten sin darte el honor de luchar, y sin ofrecer tu corazón a los dioses.

Xon hizo una torpe reverencia, dio media vuelta y corrió a esperar delante de la puerta del canal. La noche caía como una cortina negra plagada de estrellas, y Xotchil, posiblemente, no tardaría en salir.

Dentro de palacio, Xotchil comía sin ganas un poco de *tequesquites,* esperando pacientemente a que apareciera la Malitzin y hablarle, y, por fin, la Malitzin apareció, pero no pudo dirigirse a ella porque un sacerdote de esposas entró con ellas y un grupo de extranjeros, ya sin ropas de guerra ni bestias entre sus piernas. Xotchil vio entonces que no todos eran descoloridos ni barbados ni viejos. Unos eran altos como los tarahumaras, otros bajitos como los huastecos, unos sin pelos en la cabeza, y otros casi tan morenos, aunque de un color distinto, como el mismo Xon. La mayoría eran feos, realmente monstruosos, con heridas como cualquier guerrero, pero otros eran hombres jóvenes y bien plantados, con todos los dientes y sin cicatrices. Uno de ellos, de piel colorida y planta joven, parecía mirarla y señalarla, con una sonrisa en la cara y deseos de marido.

La cara se le puso como un *jitomate* y bajó la mirada de inmediato. Su corazón parecía un *totzil* que amenazaba romperle el pecho o salírsele por la garganta. Un mareo, como de miedo y también como de alegría, le invadió todo el cuerpo cuando sintió que unos pasos se dirigían a ella. Estaba claro, aquellos guerreros estaban escogiendo mujeres para pasar la noche como maridos, y ella era una de las elegidas.

—¿Cómo te llamas? —oyó la voz de la Malitzin cerca de ella en un nahuatl cantarín. Entonces las fuerzas le fallaron y la voz se negó a salir de su boca. ¿Qué iba a ser de ella? ¿Qué iba a ser de su matrimonio con Xon si aquellos guerreros la convertían en una huila (prostituta)? ¿Con qué cara iría al cue de Xochipilli, su dios patrón, la próxima primavera? No lo sabía, pero ya era demasiado tarde para pensarlo, así que reunió fuerzas y, cuando estaba a punto de lograr que la voz le saliera, otra voz se interpuso y dijo:

—Me llamo Yuridia.

Entonces Xotchil levantó la cabeza y vio cómo Yuridia se ponía de pie y se dirigía hacia el guerrero joven de cabellos negros y piel casi tan morena como la de Xon. Por un instante respiró descansada, pero inmediatamente un sentimiento de rabia, envidia y despecho la invadió, y olvidándose de todo formalismo se puso de pie y de carrerilla, para no perder el ánimo, le dijo a la Malitzin:

—¡Malitzin, señora, yo tendría que estar en mi *jacal,* junto a Xon, mi marido, y no aquí, pero me encandilé y me perdí, y me jalaron para adentro! ¡Yo no vengo con esta gente y éste no es mi lugar! —y mientras lo decía miraba con rabia y cierto descaro al joven guerrero extranjero.

La Malitzin le hizo una seña autoritaria de que se callara y se sentara, y Xotchil obedeció, pero no por ello dejó de echar una última mirada de desprecio a Yuridia.

Una a una las mujeres se fueron levantando y abandonando la sala, hasta que sólo quedaron la Malitzin y Xotchil. Estuvieron en silencio un buen rato, como si no supieran qué decirse. La Malitzin estaba muy pensativa, como ajena a todo, con una preocupación interior y trascendente, como si acabara de cometer un gran pecado, o algo que no se podría remediar jamás.

Xotchil la miraba de reojo, como si no quisiera interrumpir las cavilaciones de una mujer que se codeaba con Moctezuma II como si fuera más que su hermana, más que su madre, un monarca más, alguien de su misma altura. Pero, finalmente, su curiosidad pudo más.

—Señora Malitzin —dijo—, ¿usted no tiene marido?

—No, aún no.

—Por aquí he escuchado que era usted la mujer del hombre principal de los extranjeros.

—Pues no lo soy —respondió la malitzin orgullosa, luego se quedó pensativa, y después volvió a hablar como para ella misma—. Pero sí, seré la mujer de uno de ellos, porque es a uno de ellos a quien mi corazón desea…, y no sé si los dioses me perdonarán.

—¿Por un hombre?

—No sólo por un hombre, sino por muchos hombres. Por muchos hombres, mujeres y niños…, no lo sé…, pero no me hagas caso. Lo hecho, hecho está.

—¿Y qué hay de lo mío?

—¿De lo tuyo? Pues Martín López te quería a ti, pero como no respondías, Yuridia se te adelantó, y él dice que es una caballero, y que no despreciaría jamás a mujer que le hiciera el honor de pasar la noche con él, y que quizás otro día, u otra noche, estaría muy complacido de pasarla contigo.

—¡Y quién le ha dicho a ese señor que yo quiero pasar una

noche con él!

—Tus ojos…

—¡Pues yo lo que quiero es irme de aquí, que ya es muy noche y tengo marido!

—¿No prefieres pasar la noche aquí y salir mañana con la luz del día?

—¡No!

—En la noche hay peligro…

—¡Aunque haya nahuales sueltos por la luna llena! Además, la casa de mis padres está cerca, donde los orfebres, y me quiero ir de aquí.

La Malitzin sonrió divertida, pero ya no dijo nada, simplemente giró sobre sus pies, salió de la sala y no volvió a aparecer más.

En lugar de ella, unos instantes después, entró el sacerdote de esposas, al que no le llaman las mujeres, y le hizo señas de que le siguiera. Xotchil cogió su rebozo y su morral, y salió detrás de él, viendo cómo Yuridia entraba en la sala con cara de pocos amigos.

Xon se puso de píe en cuanto oyó pasos y vio luces moverse por la puerta del canal, dispuesto a salir corriendo hacia el lago si lo que aparecían eran soldados, o a saltar de alegría si quien asomaba la cabeza era Xotchil.

Pero quienes salieron fueron dos mujeres de piel descolorida y cabellos como el forraje seco, que hablaban riéndose en una lengua extraña.

Una hora después salió Xotchil y, en lugar de correr a abrazarse, ambos bajaron la vista y se tomaron de las manos. No dijeron nada, Xon le ayudó con su carga y se fueron caminando para Ixtapalapa, cada quien con una extraña sonrisa que no podía ver el otro, sin hacerse pregunta alguna durante todo el camino. Esa misma noche consumaron su amor, rompiendo en parte los vaticinios terribles de Nanatza.

Xotchil y Xon murieron sólo unos meses después, sin contar sus aventuras a nadie, unos dicen que dijeron que murieron en las refriegas entre españoles, tlaxcaltecas y aztecas, y otros dicen que dicen que murieron muy enfermos, de una nueva y rara enfermedad, el mismo día en que el pueblo apedreaba a su monarca. Y dicen que Xotchil y Xon dijeron, antes de morir, que no le tenían miedo a *miquixtli* (la muerte), porque ya habían muerto una vez el día que llegaron a Tenochtitlan los hombres sin color en la piel y con pelo en la cara.

CAPÍTULO III
Los orígenes

> «A este mundo sólo vinimos a dormir, sólo vinimos a soñar, porque no es verdad, no es verdad que hayamos venido a esta tierra a vivir en realidad.»
>
> CANTO AZTECA

Los capítulos anteriores son una especie de introducción a la historia y la vida de los aztecas, que, en cierta forma, es la misma de los mexicanos de hoy, salvando las distancias del tiempo y el espacio, que han conservado una serie de características idiosincráticas prácticamente inseparables de este peculiar pueblo.

Los mexicanos de hoy, como los aztecas del pasado, viven en una especie de mundo interior donde se desarrolla todo su universo, sin importar lo que pase fuera de él, y sin que un hecho tan importante como la conquista haya podido hacer mella en él.

México es un laberinto dentro de un laberinto, en donde se han confundido las características del extremeño del siglo XVI con las del mexicano de siempre: la picaresca, la indolencia, el matriarcado…

Sin embargo, la esencia de todo se encuentra en otro crisol más lejano, más antiguo y más difícil de interpretar. Se podría decir, simplificando, que para saber lo que vive interiormente un mexicano, hay que ser mexicano, y, por extensión, que para saber lo que vivía interiormente un azteca, se tendría que ser azteca; pero incluso el azteca de ayer, como el mexicano de hoy, no son especialmente conscientes de sí mismos, entre otras cosas, porque esa es precisamente una de las partes fundamentales de su carácter.

Comprender el pensamiento mítico, mágico, religioso y vital de los aztecas es poco menos que imposible, mientras que conocer el pensamiento mítico, mágico y religioso de los mexicanos de hoy, al menos al tener la muestra más a mano, parece más factible.

Desenredar la madeja, desde el ovillo actual hasta la hebra de hilo inicial, no es una tarea fácil; e intentar encontrar primero la hebra inicial para llegar hasta el ovillo actual, también plantea serios problemas, porque a pesar de los códices encontrados y el fuerte contacto que hubo entre los conquistadores españoles y los aztecas en un principio, todas las historias que han llegado hasta nuestros días rayan en el campo de lo legendario.

Esto, aunque sea un tropiezo para un seguimiento histórico, no debería de extrañarnos, porque el convertir la leyenda en realidad y la realidad en leyenda, es otro de los visos importantes del modo y forma de hacer y vivir que han tenido desde siempre los mexicanos.

Por otra parte, hay que saber que tanto el azteca de ayer como el mexicano de hoy tienen la capacidad de vivir en una extraña simbiosis de influencias externas y sentimiento interno.

Los aztecas demostraron, desde un buen principio, tener una gran capacidad de adaptación a los nuevos medios, sin perder por ello sus raíces ni su pensamiento interno. Esta capacidad de absorción de las culturas que le rodeaban, les permitieron medrar dentro de un orden ya establecido. Pero no sólo han sabido adecuarse a los cambios promovidos por ellos mismos, sino que también han sabido absorber las nuevas influencias externas. Los mexicanos son influibles, sin duda, pero, paradójicamente, aun dejándose influir no pierden su esencia, y siguen siendo quienes son y como son. En suma, que el mexicano se adapta a cualquier cosa, por diferente y extraña que sea, sin dejar de ser como siempre ha sido.

Por supuesto, este no es un intento consciente de conservar sus tradiciones, porque el mexicano es demasiado negligente para hacerlo, pero aun sin orden ni concierto, sin hacer el mínimo esfuerzo, sigue manteniendo vivo el espíritu original de su raza.

La conquista misma es todo un misterio, una serie de sucesos sin pies ni cabeza, donde el «hombre blanco» terminó siendo más mexicano y patriota que los mexicanos, ya que es muy difícil, incluso hoy en día, que un extranjero no caiga fascinado ante la colorida idiosincrasia de los mexicanos. El ambiente mexicano se traga todo lo que le echen, y puede modificarse temporalmente en la forma, pero nunca se transforma ni un ápice en la esencia.

El México antiguo, incluso antes de que llegaran los aztecas a la altiplanicie, ya rebosaba en culturas civilizadas perfectamente interrelacionadas entre ellas. Los rasgos culturales de los olmecas, civilización madre de la altiplanicie, se fundían y entrelazaban con los rasgos culturales, políticos, religiosos y hasta económicos de los mayas, la gran civilización del sur.

Tuvieron que pasar casi 2000 años para que los aztecas hicieran su aparición en el valle de México, y cuando llegaron se puede decir que lo encontraron todo hecho, y si bien es cierto que el origen de los aztecas es todo un misterio, no lo es menos el origen de las culturas que ya habitaban aquella región.

Desde el mismo momento en que a Europa llegaron las noticias de que en el equivocado Zipango de Colón se habían descubierto civilizaciones maravillosas, todos los estudiosos de la época empezaron a hacer sus conjeturas sobre el origen de aquellos seres.

La primera reacción fue subestimar todo descubrimiento, minimizar todo hallazgo, ya que el orgulloso «hombre blanco» no podía entender cómo era posible que fuera del mundo dominado por la Iglesia pudieran existir civilizaciones tan o más adelantadas que las europeas.

Para el europeo, científico o no, todo aquello que se saliera de su estrecho mundo, tenía que ser salvaje, malo e incluso demoníaco. Los «reporteros» o «cronistas» de la época, en sus primeros informes, hablaban de seres extraordinarios, de gigantes sin cabeza, de hombres blancos como la harina y calvos de nacimiento, de mujeres con cuerpos de gallina, y, en fin, de cualquier cosa que no tuviera que ver con la realidad. El sensacionalismo anglosajón ya funcionaba por entonces, y muchos preferían interiormente que el nuevo continente estuviera habitado por seres fantásticos, en lugar de estar ocupado simplemente por seres humanos comunes y corrientes, tan inteligentes y desarrollados como el que más.

Algo similar sucede hoy en día cuando alguien habla de extraterrestres. ¿Cómo serán los seres de otros mundos? Por supuesto, muchos pensarán inmediatamente que son verdes, pequeños, monstruosos y malos.

También existe la otra vertiente, la que tiende a magnificar el hallazgo y a darle una relevancia inmerecida al descubrimiento, y si bien para unos los nativos de América no podían ser otra cosa que salvajes, para otros tenían que ser necesariamente seres fabulosos y extraordinarios.

En Europa, hasta que no se regularizaron los viajes y se asentó la conquista, no hubo una idea más o menos clara de lo que ahí se había descubierto, y si bien para el vulgo los salvajes y los seres fantásticos seguían siendo la única respuesta, para otros aquellas razas se convirtieron en verdadero motivo de preocupación.

La Iglesia Católica, uno de los poderes fácticos más poderosos de la actualidad y quizás el más poderoso del siglo XVI, decidió emprender su propia investigación y su propia conquista, mientras que los observadores más serios intentaron, la mayoría de las veces sin lograrlo, encontrar las conexiones entre el pasado del hombre, porque, al menos desde el punto de vista científico, estaba claro que en las culturas precolombinas habían ciertos rasgos y características que no dejaban lugar a dudas de que se trataba de hombres, de hombres y de sus obras, de una serie de culturas que se habían desarrollado paralelamente al resto del mundo.

Si alguna vez el hombre llega a contactar con seres de otros planetas, es muy posible que en lugar de encontrarse con seres verdes y malos, o con seres altos, bellos, rubios y muy buenos, se encuentre simplemente con otros seres humanos que se han desarrollado culturalmente en otro planeta, así de sencillo.

No fue fácil superar esa primera traba: reconocer a los nativos del nuevo continente como otros seres humanos cualquiera, pero a partir de ahí se empezó a especular con su apariencia física y con sus obras.

El sistema de construcción piramidal para templos, observatorios y tumbas, movió a pensar que quizá hubo, en algún tiempo, una conexión entre egipcios y mexicanos, ya fueran estos últimos olmecas, mayas o aztecas. Sin embargo, las similitudes se detenían ahí, y no había otros rasgos egipcios que corroboraran la interrelación.

También se pensó en una conexión africana, sobre todo por la similitud de ciertos trabajos en piedra olmecas, pero unos labios gruesos y una nariz ancha no fueron suficientes, sobre todo cuando los investigadores conocieron a indígenas de origen olmeca, idénticos a sus estatuas, pero sin ningún parecido real con la raza negra.

La orfebrería fue otro de los focos de interés, tanto económico como estilístico, y si bien se encontraron ciertos parecidos entre algunas joyas mayas y aztecas con las joyas del Medievo europeo, también es cierto que otras piezas superaban con creces a los más refinados joyeros del Viejo Mundo.

Aspecto de la pirámide de la Luna,
en el extremo de la calzada de los Muertos (Teotihuacán).

Los estudios sobre medicina, astronomía, matemáticas, literatura y demás ciencias y artes, quedaron ensombrecidos por el ala de la Iglesia, o simplemente aparcados para mejores tiempos. La expoliación del continente dejaba poco lugar para estudios y comparaciones, y si bien es cierto que durante los siglos XVIII y XIX se continuaron los trabajos, no fue sino hasta el siglo XX cuando se redescubrió el continente americano.

Los trabajos arqueológicos serios nunca han recibido una gran publicidad, pero en cuanto lo fantástico ha entrado en juego, la atención del público se ha disparado.

El origen de cualquier civilización es difícil de concebir, ya que culturas como la persa o la egipcia, tan a la mano para los europeos, también han tenido que esperar largo tiempo para ser desveladas de una manera metódica y seria.

El problema básico es saber cómo nace una civilización, cómo se cambia de la noche a la mañana de ser una tribu nómada a ser una tribu sedentaria preocupada por los problemas de estado y organización, de artes y de ciencias. ¿En qué momento se dispara el pensamiento humano y crea una civilización? ¿Cómo se deja de ser un salvaje que no tiene más amparo que las cuevas y se inicia la construcción, ya sea de humildes chozas o de grandiosas pirámides? ¿Cómo se deja de ser un cazador furtivo y se convierte en granjero y cocinero? ¿Cómo se deja de ser un salvaje y se inicia el estudio de las artes y las ciencias? ¿Cómo nace la escritura? ¿Cómo se le puede ocurrir a nadie el desarrollo de la astronomía, el cálculo de las matemáticas, la abstracción del pensamiento, la síntesis de una idea?

El proceso de la conciencia y la abstracción es el mismo en todos los seres humanos, pero decirlo así, simplemente, no vende. Un estudio pormenorizado antropológico y sociológico, explicando la mecánica del comportamiento humano en relación con su medio ambiente, señalando los acicates de sus necesidades y miedos como impulsores de lo que conocemos como civilización y cultura, es poco atractivo, y, a veces, demasiado confuso y farragoso, ya que estos procesos, en situaciones iguales, no han dado los mismos resultados en los diferentes grupos humanos. Por si fuera poco, también está el prejuicio de lo que consideramos mejor y más grande, de los valores de triunfo y conquista, y de los conceptos de elevación e inteligencia, aspectos que nos llevan inmediatamente y sin reflexionar, a considerar que la cultura egipcia es más rica y poderosa que la cultura etiope que vivió los mismos tiempos y las mismas condiciones unos cuantos kilómetros más abajo.

Pero si decimos, como Erik Von Däniken, que las culturas precolombinas se fraguaron al amparo de los extraterrestres, el interés general se despierta y todo mundo quiere oír, enterarse y hasta dar su propia versión de los hechos, no importa que no exista base alguna que sustente el enunciado.

Una cosa es que Von Däniken haya hecho sus propios estudios y llegado a sus propias conclusiones, erradas o no, y otra cosa es que a su dudoso amparo crezcan todo tipo de especulaciones.

En el hecho particular azteca, su desarrollo en el ambiente del valle de México es razonable, ya que tenían a mano, después de conquistar mediante la astucia y la guerra un lugar preponderante entre las otras tribus, las ciencias e ideas religiosas, económicas y políticas ya existentes. Es decir, que los aztecas, en su etapa más floreciente, contaron con una buena base para su desarrollo, un desarrollo por cierto brillante y triunfal, en todos los campos, pero no un desarrollo de gestación original, como pudo haber sido el de los mayas o el de los olmecas.

El verdadero origen de los aztecas se sitúa en la mítica ciudad de Aztlán, y posiblemente ahí sí desarrollaron, partiendo de la originalidad individual como pueblo y como raza, una cultura y unos conocimientos propios.

Este problema de concepción original, si es que la hubo alguna vez, no es exclusivo de ningún pueblo, ya que es muy difícil explicar el desarrollo de cualquier cultura, que no es otra cosa que el desarrollo del hombre.

• El protohombre

¿De dónde viene el ser humano? ¿Cuáles son sus verdaderos orígenes? ¿Es realmente un ser especial entre los demás seres de la tierra, o es simplemente un homínido superior que ha desarrollado casual y gradualmente una serie de habilidades que le distinguen del resto?

¿Qué nos impide saber el origen exacto del hombre, cuando hemos sido capaces de desvelar, por lo menos, uno de los orígenes de la vida?

Sabemos y hasta podemos reproducir en un laboratorio los procesos que dieron origen a las primeras moléculas organizadas, las primeras moléculas orgánicas, y a partir de ellas podemos hacer un seguimiento en el desarrollo y evolución de las especies. Hay fósiles de hace cientos de millones de años que nos permiten saber cómo han ido evolucionando pequeños seres y grandes plantas. Hay fósiles de monos y de caballos que nos permiten reconocer los cambios de estos animales en los últimos millones de años. Contamos con las técnicas y con el método científico que nos ayudan a comprender la edad del mundo y la ruta que han ido siguiendo sus habitantes. Es más, se tiene hasta una cierta idea de cómo se ha formado el universo.

Sin embargo, no sabemos de dónde ha surgido el hombre como tal, y mientras tanto los paleontólogos y los arqueólogos se pelean por establecer el hallazgo más antiguo de huesos y dientes que puedan identificarse como humanos, sin llegar a ponerse de acuerdo si lo hallado pertenecía a un mono, a un equino o a un ser humano de verdad. El hombre de Atapuerca, posiblemente el fósil humanoide más antiguo hallado hasta ahora en Europa, antes de haber visto finalizados los estudios sobre su origen, ya recibe críticas y descalificaciones, porque lo que para unos es el hallazgo de un antecesor del ser humano, para otros no deja de ser un simple mono, y no es una cuestión teológica la que se discute, sino una cuestión de apreciación entre lo que son los primates y su evolución como tales, y lo que es el hombre propiamente dicho.

Y no es un capricho de unos en contra de los otros, es simplemente una forma de apreciar y de ver las cosas. Por ejemplo, para unos el hombre de Atapuerca sí es un antepasado, pero de los monos actuales, no del hombre, ya que el hombre, como especie, aunque pertenezca a los primates superiores, debería de tener su propia línea hereditaria, su propio árbol genealógico, su propio tronco genético, partiendo de los primeros aminoácidos y pasando por las algas azules, los primeros mamíferos y hasta los primeros primates, pero en una misma línea de desarrollo, como la tiene cualquier otro animal de cualquier otra especie, y si el hombre no tiene la más mínima compatibilidad genética con mono alguno existente, cómo se le puede seguir la ruta desde sus orígenes.

¿Dónde está el protohombre? ¿Dónde se halla el eslabón perdido entre los antiguos primates y el primer ser humano considerado como tal? ¿Dónde está el tronco común a todas las razas que componen el mapa genético de la humanidad?

Si se nos abre en canal, es obvio que no somos otra cosa que animales, con unos organización orgánica propia de cualquier mamífero superior, pero eso no prueba nada más que tenemos un cuerpo que se parece al de otros animales. Siempre lo he dicho, y las investigaciones genéticas lo confirman cada vez más: somos más parecidos, genéticamente, a las ratas y a los cerdos, que a cualquier otro animal de este mundo.

Una rata asimila bien el tejido humano. Un cerdo asimila bien nuestros genomas y quizás el día de mañana los cerdos nos den, además de su carne, su corazón o sus riñones para transplantárnoslos, mientras que ningún mono o gorila ha podido (y pobres de ellos porque lo han tenido que sufrir en los laboratorios) servirnos en este campo.

Este pequeño problema científico de nuestros tiempos, ha sido una preocupación constante en la historia del ser humano. Los aztecas, como cualquier otro pueblo, también intentaba explicarse a sí mismo sus orígenes. La cosmogonía azteca, que veremos más adelante, señala, como la mayoría de cosmogonías, un origen divino, una intervención directa de los dioses.

Cuando los iluminados europeos supieron que los aztecas alegaban venir de la mítica tierra de Aztlán, no dudaron en señalar la reaparición de un antiguo mito: la existencia de la Atlántida, lugar donde, posiblemente, había tenido lugar la creación del protohombre.

¿De dónde viene el hombre? Del mismo hombre. ¿Y de dónde vienen los aztecas? Pues de los mismo aztecas. Las respuestas pueden ser tan simples como éstas, sólo hace falta que se ajusten a la realidad, de la misma manera que se ajustan al juego de palabras.

• El protoazteca

Las leyendas populares, algunas veces sustentadas en sesudos estudios, que no por farragosos adquieren la calidad de verídicos, sitúan el origen de los aztecas en la mítica isla Atlántida (Aztlán), la misma región de la no menos mítica y antigua ciudad de Mu, de donde procedían los olmecas y los mayas. Para explicar la aceptación que otros pueblos tuvieron por una tribu tan molesta y belicosa como la azteca, a menudo se recurre a un origen común entre los señores de Azcapozalco (descendientes de los olmecas, y por lo tanto de Mu) y los aztecas. De no haber sido así, los aztecas hubieran sido aniquilados como cualquier otra tribu hostil, ya que los aztecas carecían de tierras propias, y cualquier tribu que se preciara contaba al menos con un punto de partida.

El paso de los grupos nómadas por la región no era tan sencillo, sobre todo si llegaban en son de guerra, y sólo se les permitía el paso a los que iban a comerciar o a ofrecer sus servicios.

Y cierto o no el origen atlántico, lo cierto es que los mexicas, enarbolando la bandera de Aztlán, lograron ser aceptados. Quizás era una simple argucia, pero funcionó.

Otra cosa que llama la atención de una tribu nómada y algo salvaje, como supuestamente lo era la azteca, recae en el hecho de que tuvieran una rica cultura mágico-religiosa, toda una serie de leyendas y una cosmogonía que más tarde desarrollarían ordenadamente, y que no era común en las tribus nómadas.

No hay validez científica para la existencia de la Atlántida, y los dibujos que llegan hasta nuestros días de la mítica ciudad de Mu no prueban nada, pero, sin embargo, sí enlazan con las tradiciones que los olmecas heredaron a mayas y aztecas, y que no es otra que alegar, como han hecho otros tantos pueblos, un origen ulterior a las tierras ocupadas. Pocos son los pueblos que se consideran del mismo lugar desde el principio de los tiempos.

Y si para los descendientes de los olmecas continuaba viva la tradición de Mu y la Atlántida, un grupo que aparece de pronto alegando un origen similar, resulta por lo menos interesante.

La cronología queda un poco desfasada, al menos en la forma que tenemos actualmente de mesurar el tiempo, porque los olmecas florecieron en las costas del golfo de México hacia el año 1500 a.C., mientras que los aztecas llegaron al centro de México sobre el 1200 de nuestra era; y si tomamos en cuenta que el posible hundimiento de la Atlántida se gestó unos 3000 o 4000 años a.C., los aztecas tardaron más que nadie en reacomodarse tras la catástrofe.

Los especialistas en el tema dicen que de la Atlántida surgieron los pueblos de Mesopotamia, Egipto y México, y que las grandes construcciones y el saber científico de dichos pueblos se debe en gran medida al origen común. Cierto o no, no se pueden negar algunos rasgos similares entre dichas culturas, incluso antropomórficos, pero tampoco se puede negar que, analizadas a fondo, estas culturas presentan más diferencias que similitudes en todos los campos.

• Las conexiones del Mundo Antiguo

Dejando de lado, por el momento, la leyenda de la Atlántida, muchos investigadores han querido ver, por lo menos, ciertas conexiones entre los habitantes del Mundo Antiguo, ya que llama la atención el hecho de que tanto egipcios, como mayas y aztecas, hayan sentido la debilidad de construir pirámides.

Bien vistas, las pirámides de cada pueblo no tienen nada qué ver unas con otras, ni en la concepción, ni en el uso, ni en la cronología. Por supuesto, entre las pirámides mayas y las aztecas hay más puntos en común, pero tampoco se las puede unificar bajo un mismo criterio, y si comparamos las egipcias con las precolombinas, nos encontraremos con verdaderas e insalvables divergencias.

Comparar por comparar, se puede decir que las construcciones citadinas mayas eran más parecidas y cercanas en el tiempo a los domus romanos, que al tipo de casas construidas en Egipto, pero eso tampoco nos indicaría nada.

El ser humano es constructor por naturaleza, y a lo largo de la historia han existido culturas de grandes monumentos, de la misma manera que han existido pueblos que no han construido nada más sólido que una chabola de paja.

Toda ciudad de la antigüedad tiene un encanto especial, porque nos demuestra que el hombre no ha avanzado tanto como se cree. No ha habido lugar en el mundo en donde no se hayan acometido grandes empresas de construcción con unos medios que no son los más adecuados técnicamente, y con más dificultades que facilidades para su realización, pero se hicieron.

Los racionalistas dicen que esas obras podrían volverse a construir en las mismas condiciones que se hicieron en su día, mientras que los iluminados son capaces de decir que dichas obras no se podrían haber hecho nunca sin una ayuda superior, ya sea divina o extraterrestre, pero al final, ni los racionalistas han construido nada que se parezca a la grandes obras del pasado, ni con medios técnicos ni sin ellos, y a los iluminados no les ha ayudado a construir ni un castillo de naipes una fuerza divina o extraterrestre.

Es muy posible, ya sea por azar o en expediciones perdidas, que los pueblos de la antigüedad hayan tenido un contacto casual y esporádico, e incluso que este contacto haya sido menos casual y esporádico de lo que se piensa, sin embargo, esos contactos no pudieron nunca influir en el desarrollo cultural por un simple problema de espacio y tiempo.

Si los egipcios conocieron a los olmecas, poco les ayudaron, porque los olmecas preferían hacer montículos en lugar de pirámides, y amplias plataformas y paredes para su juego de pelota, que tumbas y templos. Y en caso de que hayan coincidido con los mayas, los mayas tenían poco que enseñarles o aprender de ellos, porque las tres grandes pirámides ya estaban construidas para entonces, y eran demasiado rústicas para la elaborada y preciosista concepción maya. Con los aztecas ya los separan más de 3000 años, y en el 1200 de nuestra era los egipcios ya no estaban para grandes construcciones.

Erick el Rojo, famoso viajero vikingo, bien pudo cruzar el Atlántico con su nave, lo mismo que pudieron hacer los indios pascuas o los quechuas para visitar las islas del sur, o Australia o incluso Japón en sus embarcaciones tejidas, ya que las corrientes marinas favorecen este tipo de viajes incluso en naves relativamente frágiles y pequeñas. También hubieran podido cruzar el Atlántico los egipcios, no con sus propias naves pero sí con otros barcos construidos en el norte de África, como lo demostró Thor Heyerdahl a bordo del Ra, pero de nuevo las diferencias cronológicas y culturales echan por tierra la posibilidad de un contacto fructífero y continuo.

Por ejemplo, existe la leyenda de que un hombre barbado y de cabellera roja como el sol del atardecer llegó a las costas de México, y que ahí fue recibido y tratado como Quetzalcóatl, y que les enseñó a los indios a cocinar y a hacer bebidas, y que finalmente partió en su nave después de haber sido repudiado por el pueblo. El viaje vikingo no es imposible, al contrario, existen pruebas fehacientes de diversos viajes de los vikingos a tierras americanas, como Terranova y Groenlandia, sobre los siglos XI y XII de nuestra era, pero de Terranova y Groenlandia a México hay mucha más distancia que de Noruega a Canadá, y se necesita algo más que corrientes marinas apropiadas para descender tanto. Y, en todo caso, en las fechas señaladas como contactos entre vikingos y americanos, en el valle y el golfo de México ya llevaban más de 2500 años sabiendo cocinar y preparar bebidas. En aquellas épocas los vikingos eran mucho más salvajes y menos cultivados que los habitantes de México.

Los orígenes de cualquier grupo, tribu o pueblo son difíciles de encontrar, sobre todo si tomamos en cuenta que hasta hace muy pocos años, relativamente, los seres humanos preferían moverse y viajar en grupos más o menos reducidos, cazando y recolectando, sin mostrar ningún interés por buscar una residencia fija.

La misma formación de las civilizaciones, más o menos complejas, también es todo un misterio, un asunto sobre el cual no podemos hacer otra cosa que teorizar, ya que nadie sabe a ciencia cierta cómo y por qué los seres humanos decidieron un buen día unirse en grupos más grandes que los tribales o los meramente familiares, y asentarse en determinadas zonas.

Por supuesto, la mayoría de las civilizaciones buscaron lugares en los que ciertos abastecimientos básicos estuvieran servidos, como la cercanía de un río, una barrera natural, un promontorio para ver mejor en la lejanía, etc. pero incluso en medios poco amigables o poco accesibles se llegaron a construir grandes urbes.

La construcción de una urbe ya marca un inicio, pero eso tampoco es suficiente, ya que la organización económica, política, religiosa y militar también es imprescindible, y, por último, la creación o el desarrollo de las artes y las ciencias. Una vez que se tienen todos estos elementos, se puede decir que hay una civilización.

La escritura, que en el caso de los aztecas se hacía por medio de glifos, es la que en realidad abre las puertas a la cultura civilizada, ya que a través de la escritura se pueden preservar la historia, las costumbres y la vida cotidiana de un pueblo. Por desgracia, tanto en el caso de los mayas como el de los aztecas, son muy pocos los códices prehispánicos que han llegado sanos y salvos hasta nuestros días, la mayoría pertenecen al siglo XVI, ya una vez realizada la conquista, que generalmente fueron mandados a hacer por encargo, supervisados por un punto de vista y una moral que ya no eran las originales.

Esta falta de documentos prehispánicos incentiva aún

más el misterio y la fantasía. Incluso se ha llegado a decir que chinos de la dinastía Chang (1700 a 1100 a.C.) y olmecas se comunicaban continuamente, y que en parte a ello se debe el florecimiento de la cultura mexicana, pero, fuera de un par de casualidades a la hora de dibujar dragones o felinos, la influencia china sobre la cultura olmeca brilla por su ausencia. También hay quien dice, que los aztecas bien podrían haber venido del Oriente vía marítima, y que después de una larga estancia en las costas occidentales de México (Mazatlán, Zihuatanejo o Petatlán), decidieron acercarse a antiguos amigos o aliados, para reanudar las relaciones. Para hacer esta afirmación, algunos investigadores se han basado simplemente en los rasgos orientales de ciertos grupos étnicos mexicanos, y en la eterna posibilidad de que en el pasado se hubieran hecho diversos viajes por mar conectando África, Europa o Asia con América.

¿De dónde venían entonces los aztecas? ¿Cómo pudieron desarrollar culturas tan avanzadas pueblos como el olmeca, el azteca y el maya?

Los aztecas, presumiblemente, venían de cualquier parte del noroeste del continente americano (la Sierra Madre Occidental aún alberga hoy en día a varios grupos étnicos de difícil clasificación), seguramente de una zona montañosa, el cerro de Chapultepec fue lo primero que escogieron para vivir en el valle de México, y, aunque no hubieran sido sedentarios hasta entonces, ya contaban con una cultura religiosa y una rica tradición oral.

Las culturas de mesoamérica se han desarrollado de la misma manera que cualquier otra cultura, partiendo de unas necesidades grupales y creciendo y modificándose por las exigencias del entorno, las guerras, las etapas de bonanza, etc. sin más misterio que el que pueda envolver a cualquier otra cultura de cualquier parte del mundo, sin necesidad de ayuda foránea o extraterrestre.

• Recuperar el orgullo

Cuentan que dicen los viejos que los mexicanos tienen mucho orgullo de ser quién son, y a la vez mucha vergüenza, ¿por qué? Porque no saben dónde están ni de dónde vienen.

En México se sucede la paradoja de decir que como México no hay dos, y a la vez de ofenderse si alguien les llama «indios», como si el hecho de ser mexicano y de tener sangre aborigen en las venas fuera incompatible.

¿Cuándo se perdió el orgullo? Justo cuando llegaron los españoles, incluso antes de que se iniciara la conquista. Malitzin, o la Malinche, es el sello que marca esta pérdida de orgullo. Por eso, a todo mexicano que prefiere lo extranjero antes que lo de casa, se le llama malinchista.

No es exactamente una traición, sino una negación de la propia esencia, de las propias raíces.

Con la conquista, la vergüenza no hizo más que extenderse, ya que fue una conquista incruenta, sin honor, sin sangre.

¿Cómo es posible que unos cuantos españoles sin recursos apenas pudieran conquistar un imperio? Éste es otro de los grandes misterios que envuelven a los aztecas. Se dice, pronto, pero someter a 16 millones de indígenas de un día para otro es una tarea matemáticamente imposible. Y no es por restarles méritos a los españoles, que quizás alguno tuvieron, sino por intentar comprender algo que no viene en los libros de historia.

La Iglesia, más cruenta que todos los guerreros españoles, dio el golpe de gracia a unos aborígenes que ya estaban vencidos, y que miraban de soslayo a los invasores. El pueblo de la ciudad de Tenochtitlan sólo hubiera tenido que caminar hacia adelante para vencer a los españoles, pero no lo hizo. Ni siquiera un ejército bien armado hubiera podido someter a los aztecas en tan poco tiempo, ya que el matar o someter a otro requiere de cierto tiempo y efectividad.

Los alemanes, ya en nuestro siglo y con toda una organización destinada para tal fin, no pudieron acabar con un pueblo entregado y desarmado como el judío. Gracias a Dios, el exterminio no fue completo, pero no se puede decir que no lo hayan intentado. En el caso de los españoles contra los aztecas debe haber algo nunca relatado, algo que cae, necesariamente, más en lo campos de la leyenda que en los de la historia, de otra manera no se puede entender lo que pasó entre 1521 y 1525, el tiempo del reinado de Cuauhtemoc, quien murió ejecutado, después de haber sido torturado, por un grupo de españoles que no tenían ni la capacidad ni el rango para heredar la corona de Tenochtitlan.

Cuando hablamos de Tenochtitlan, no estamos hablando de una tribu de indios ignorantes, sino de un pueblo guerrero con una elaborada civilización, con ejército, correo, instituciones, escuelas, universidades, talleres, médicos, artistas, artesanos y campesinos. Una sociedad con tradición y cultura, religión y moral. Cortés, un simple soldado, no sabía ni podía mantener toda esa estructura, es más, no lo hizo, ya que desde España se envió a alguien más capacitado para que lo relevara del cargo.

Cortés, lejos de erigirse en un cruel y sanguinario conquistador, se ganó el afecto y la simpatía de los que le rodearon por aquel entonces, tanto soldados españoles como aztecas, tlahuicas y tlaxcaltecas; es decir, que después de todo nadie terminó viéndolo como un enemigo, y murió de muerte natural. ¿Cómo se las arregló un simple soldado sin demasiadas luces ni estudios para ganarse el apoyo de un pueblo que no era el suyo? Más que conquistador, Cortés terminó siendo conquistado por el pueblo mexicano; la corona española se apresuró a prescindir de sus servicios, y sus posibles sueños de gloria se convirtieron en un simple cacicazgo, alejado de la corte de la Nueva España. Moctezuma II, su enemigo en el papel, le abrió las puertas del nuevo mundo y le entregó su confianza, y con ella las verdaderas llaves del reino.

Desde ese mismo instante, los mexicanos empezaron a sentir vergüenza de ser quienes eran, ya que su monarca, su rey y dios, entregaba las armas y los secretos sin luchar, sin oponer resistencia. Si por lo menos las luchas hubieran durado más de 200 años, como en otros países. Si por lo menos se hubiera creado una resistencia para combatir desde abajo a los invasores. Pero no, no se hizo nada, y en un abrir y cerrar de ojos empezaron a llegar más y más españoles, nuevos jefes, nuevos funcionarios, nuevos sacerdotes, nuevos hombres y nuevas mujeres. Aquello parecía más la sucesión de un gobierno a otro, que la toma de un poder por tropas enemigas.

En menos de 20 años la ciudad de Tenochtitlan pasó a ser la ciudad de México, la capital de la Nueva España, con nuevos edificios que se erigían sobre los antiguos palacios y templos, borrando casi todo vestigio de lo que había sido el Imperio Azteca.

Los aztecas lo perdieron todo sin presentar una verdadera batalla; dos o tres escaramuzas, nada más, pero nunca una verdadera guerra. ¿Cómo se podía sentir orgulloso un pueblo que hasta entonces le había cantado canciones de guerra a Huitzilopochtli, y que había arrancado tantos corazones a sus enemigos como estrellas tiene el cielo?

El tiempo ha pasado, pero ni el medio milenio parece haber cerrado la herida, y tendría que suceder una especie de milagro para que todos los mexicanos recobraran el orgullo de pertenecer a una de las razas más importantes e influyentes de la humanidad, ya que en las venas de todos los mexicanos corre aún la sangre de gente tan sabia y elevada como los olmecas, los mayas y los aztecas. Ya es hora de que los mexicanos dejen de sentir como una vergüenza el ser indio, y de que le den la vuelta a la tortilla para sentirse orgullosos de formar parte de una de las culturas más enigmáticas e interesantes de nuestro planeta.

No sabemos exactamente los orígenes de los aztecas, pero los aztecas de hoy sí saben cuáles son sus orígenes, así que no deben esperar ni un segundo más para recuperar el orgullo de sus tradiciones ancestrales y volver a elevar el espíritu hasta los confines más elevados del cielo. Los aztecas cuentan con un tesoro que Cuauhtemoc jamás reveló a los invasores, el tesoro que todos los aztecas llevan dentro: su propio sol interior, un sol que se encuentra cuando se recupera la conciencia de quién se es, y se despierta del largo y margo sueño.

CAPÍTULO IV

El mundo legendario de los aztecas

> Instalada sobre la destrucción de un imperio, la Ciudad de México encontró en ese hecho —un hacerse entre ruinas—, su primera y última definición.
>
> CARLOS MONSIVÁIS

Se podría decir, sin temor a exagerar, que casi todo lo que se refiere al México antiguo y a los aztecas pertenece más a la leyenda que a la historia. Por no coincidir, los historiadores e investigadores en que me he basado para hacer este libro, ni siquiera coinciden en las fechas de la llegada de Cortés a Tenochtitlan, la duración de la conquista y la forma de llevarse a cabo.

Por si fuera poco, cada día y desde que se empezó la construcción del metro en la Ciudad de México en los años sesenta, se han ido haciendo nuevos e interesantes descubrimientos arqueológicos que van desvelando diferentes facetas de la vida cotidiana y la religión aztecas. Nadie es capaz de prever lo que se descubrirá el día de mañana, y tampoco nadie sabe cuándo se podrá volver a reescribir la historia con ciertas garantías de veracidad y objetivismo.

Lo mismo sucede con otras tantas culturas y materias que tocan los paleontólogos, los antropólogos, los sociólogos y los arqueólogos, ya que con cada nuevo descubrimiento se puede volver a reinterpretar cualquier consideración sobre cualquier materia. Los mayas, por ejemplo, considerados como un pueblo sabio y espiritual, resulta que era tan humano como cualquiera de sus vecinos, cosa que no debería extrañar a nadie, pero que sorprende exageradamente a sus investigadores. Y los aztecas, por el contrario, considerados como unos crueles salvajes arranca corazones durante tanto tiempo, hoy resulta que eran más considerados y espirituales de lo que nadie pensaba, aunque el sentido común y la lógica hayan abogado desde siempre por un sentido más elevado en un pueblo tan avanzado en su tiempo. Pero para los estudiosos las suposiciones no bastan, aunque la mayoría de las veces no hagan otra cosa que basarse en ellas, porque creen necesitar la prueba física que corrobore lo que el sentido común puede avanzarles.

Así las cosas, no es de extrañar que el peso de las leyendas se haga tan atractivo para propios y extraños, ya que en ellas radica una lectura entre líneas, más allá de la prueba física y del objetivismo, desvelando en un instante mil realidades a través de los senderos del pensamiento mágico, lo que otro tipo de razonamientos ha tardado en descubrir siglos y siglos.

Veamos pues las leyendas del antiguo México:

• La creación

Nuestros padres y abuelos dicen que él nos creó y formó, y por eso de él somos sus criaturas: Quetzalcóatl, nuestro príncipe. También creó el cielo, el sol y la divinidad de la tierra.

Así se nos dice y cuenta, por las escrituras y caracteres, y por los relatos de los viejos y de los que en un tiempo fueron sacerdotes grandes y pequeños, y por dicho por los señores y principales a quienes se enseñaba la ley y se criaban en los templos para que bien se la aprendiesen, juntos ante mí y habiendo traído sus libros y figuras, que según me demuestran son muy antiguas, y muchas de ellas teñidas, la mayor parte de ellas tintadas con sangre humana, parece que en un principio tenían por grandes señor y señora de nuestra carne, a Tonacatecuhtli, el cual tuvo por mujer a Tonacacíhuatl, por otro nombre Xochiquetzal, los cuales se criaron y estuvieron por siempre en el decimo tercer cielo, de cuyo principio no se supo nunca jamás..., de este dios y diosa se engendraron cuatro hijos: El mayor, Tezcatlipoca, el colorado, al que los de Huejotzingo y Tlaxcala llaman Camaxtli y le tienen por dios principal. El segundo fue Tezcatlipoca el negro, más poderoso y peor que los otros tres, pues con todos pudo por haber nacido en medio de todo. Al tercero llamaron Quetzalcóatl, y también Señor de Noche y Viento. Al cuarto y más pequeño le llamaron Señor del Hueso, y también Culebra de Dos Cabezas, Huitzilopochtli, al cual tuvieron por dios principal los mexicas.

De estos cuatro hijos de Tonacatecuhtli y Tonacacíhuatl, el Tezcatlipoca negro era el que más sabía de todos los pensamientos y estaba en todo lugar y conocía los corazones, y por eso le llamaban Moyocoya, que quiere decir que es todopoderoso y que nadie le va por delante. Huitzilopochtli, dios de los mexicas y hermano menor de dioses, nació sin carne, sólo con los huesos, y de esta manera estuvo 600 años, durante los cuales no hicieron cosa alguna los dioses.

Pasados 600 años del nacimiento de los 4 dioses hermanos, los hijos de Tonacatecutli se juntaron y dijeron que se les ordenara lo que habían de hacer, la ley que tenían que seguir, y convinieron en nombrar a Huitzilopochtli y a

Representación alegórica de la fundación de Tenochtitlán, la capital de los aztecas, sobre la que se asienta la Ciudad de México.

Quetzalcóatl para que ellos dijeran lo que se tenía que hacer, y estos dos, por comisión de los otros dos, hicieron luego el fuego, y una vez hecho, hicieron medio sol, el cual por no estar entero no alumbraba mucho, sino poco. Luego hicieron a un hombre y a una mujer, Oxomoco y Cipactonal, y los mandaron a labrar la tierra y a que ella hilase y tejiese, y que de ellos nacerían los *macehueles*, y que no holgasen y que siempre trabajasen, y a ella le dieron los dioses ciertos granos de maíz para que con ellos curase e hiciera ciertas artes de adivinación y hechicería, y por eso lo acostumbran a hacer hoy en día las mujeres. Luego hicieron los días y los partieron en meses, dando a cada mes 20 días, y así tenía 18 meses y 6 días en el año, como se dirá adelante. Hicieron luego a la Señora y al Señor del Inframundo, marido y mujer, para que fueran los dioses del infierno, y los pusieron en él; y luego crearon los cielos, comenzando del 13 para abajo, e hicieron el agua y de ella crearon un pez muy grande al que llamaron Cipactli, que es como el caimán, y de él hicieron la tierra, como se dirá más adelante; y para crear al dios y a la diosa del agua, los cuatro dioses juntaron a Tláloc y a su esposa Chalchitlicue, y los llamaron dioses del agua, y a ellos debe pedírseles cuando se tenga necesidad de agua. Y después se juntaron los cuatro dioses e hicieron de Cipactli a la tierra, y la llamaron Tlaltecuhtli, pintándola como deidad tendida sobre un pescado porque la hicieron de él.

Otros dicen que a la tierra la formaron de otra manera, que Quetzalcóatl y Tezcatlipoca bajaron a la diosa tierra del cielo. Ella tenía las articulaciones repletas de ojos y bocas, con las que mordía como una bestia salvaje. Antes de que la bajaran ya estaba ahí el agua, que nadie sabe quien la creo, sobre la cual la diosa caminaba. Viendo esto los dioses se dijeron uno a otro: «Es necesario hacer la tierra», y diciendo esto, ambos se convirtieron en dos grandes serpientes, y se agarraron a la diosa, uno de la mano derecha y otro del pie izquierdo; uno de la mano izquierda y otro del pie derecho, y la estiraron tanto que la hicieron romperse por la mitad. De la mitad de detrás de los hombros hicieron la tierra, y la otra mitad se la llevaron al cielo. Por eso se enojaron mucho los otros dioses. Para recompensar a la diosa de la tierra por el daño que los dos dioses le habían hecho, todos los dioses descendieron a la tierra y ordenaron que de ella salieran todos los frutos necesarios para la vida de los hombres. Por eso hicieron de sus cabellos árboles, flores y hierbas, de su piel las flores más pequeñas y las pequeñas hierbas; de los ojos, pozos, fuentes y pequeñas cavernas; de la boca, ríos y grandes cavernas; de los agujeros de la nariz, valles; y de los hombros, montañas. Y esta diosa lloraba algunas veces durante la noche porque quería comer corazones de hombres, no queriendo callar hasta que se los daban, y no queriendo llevar fruta si no estaba rociada con sangre humana. Así dicen que se crearon las cosas.

• Los Soles

Según hablan y dicen que saben los viejos, la tierra y el cielo se quedaron estancados en el año 1-Concjo. También dicen que saben que cuando esto sucedió, ya habían vivido 4 clases de gentes, es decir, que habían sido 4 las vidas anteriores en la tierra. Así que sabían también que cada una de ellas fue un Sol. Saben y dicen que su dios los creó de ceniza, y atribuyen a Quetzalcóatl, bajo el signo 7-Viento, el haberlos hecho y creado.

• El Primer Sol que hubo al principio, bajo el signo cuatro agua, se llamó Atltonatiuh (Sol del Agua). En este sucedió que todo se lo llevó el agua, todo desapareció y las personas se volvieron peces.

• El Segundo Sol que hubo, estaba bajo el signo cuatro ocelote, y se le llamó Ocelotonatiuh (Sol Felino). En este sucedió que se hundió el cielo; entonces el sol no caminaba de donde es el medio día, y luego se oscurecía, y cuando se oscureció las gentes eran comidas. En este Sol vivían gigantes, que dejaron dicho a los viajeros que su saludo era: «no caiga usted», porque el que se cae, cae para siempre.

• El Tercer Sol que hubo, bajo el signo cuatro lluvia, se llamó Quiauhtonatiuh (Sol de Lluvia). En él sucedió que llovió fuego sobre las personas, y por eso ardieron. Y dicen que en él llovieron guijarros, y que ésos son las piedras que ahora vemos; que hirvió la piedra *tenzontle,* y que entonces se enroscaron los peñascos enrojecidos.

• El Cuarto Sol, bajo el signo cuatro viento, se le llamó Ehecatonatiuh (Sol de Viento). En éste todo se lo llevó el viento. Entonces todas las personas se volvieron monos y fueron esparcidos por la selva y los bosques.

• El Quinto Sol, bajo el signo cuatro movimiento, se llamó Ollintonatiuh (Sol del Movimiento), porque se mueve, caminando, como dicen los viejos, y en éste habrá terremotos y hambre general, con la que hemos de perecer.

• Completando el Sol

Cuando los cuatro dioses vieron cómo el medio sol alumbraba poco, dijeron que se hiciese otro medio sol para que alumbrara bien a toda la tierra. Y viendo esto, Tezcatlipoca se hizo sol para alumbrarlo todo, debido a su divinidad, y todos los dioses crearon entonces gigantes, que eran hombres muy grandes y con tanta fuerza que arrancaban los árboles con sus manos. No comían más que bellotas de encina y vivieron mientras duró este sol, que fueron trece veces 52 años, que son 676 años. Perecieron cuando Tezcatlipoca dejó de ser sol y los ocelotes se los comieron y acabaron con ellos. Estos ocelotes se hicieron de la siguiente manera: pasados las trece veces 52 años, Quetzalcóatl se convirtió en sol y dejó de serlo Tezcatlipoca, porque aquél le dio con un gran bastón y lo derribó en el agua. Allí Tezcatlipoca se hizo ocelote y salió a devorar gigantes. Esto se ve todavía, porque la Osa Mayor (Tezcatlipoca) baja al agua, y esta constelación está en los cielos por memoria de él.

En el tiempo de Quetzalcóatl los hombres sólo comían piñones. Quetzalcóatl duró siendo sol otras trece veces 52 años, que son 676. Acabados éstos, Tezcatlipoca, por ser dios, se transformó, como también sus hermanos podían hacerlo, convirtiéndose en ocelote y le dio un zarpazo a Quetzalcóatl; así lo derribó y lo quitó de ser sol. Entonces se levantó un gran aire que arrastró a Quetzalcóatl y con él a todas las personas, dejando sólo a unas cuantas que se quedaron en el aire, y que al final se volvieron monos.

Así quedó por sol Tláloc, el dios del paraíso terrestre, el cual duró hecho sol siete veces 52 años, que son 364 años. Durante este sol los hombres sólo comían *acecentli*, que es una semilla como el trigo que nace en el agua. Pasados estos años, Quetzalcóatl mandó llover fuego del cielo, quitó a Tláloc como sol, y puso por sol a la mujer de Tláloc, Chalchiutlicue.

Chalchiutlicue fue sol durante seis veces 52 años, que son 312 años. Los hombres comían durante este tiempo una semilla como el maíz que se llama *cocopi.* Desde el nacimiento de los dioses hasta el cumplimiento de este sol hubo, según su cuenta, 2628 años. En el año postrero en que fue sol Chalchiutlicue, llovió tanta agua y en tanta abundancia, que se cayeron los cielos, y las aguas llevaron a todas las personas que había, y de ellas hicieron a todos los géneros de peces que hay. Así cesaron de haber personas, y el cielo cesó porque cayó sobre la tierra.

• Levantando el Cielo

Cuando los cuatro dioses vieron que el cielo se había caído sobre la tierra, lo cual sucedió en el primero de los cuatro años que hubo después de que cesara el sol y lloviera mucho, bajo el signo uno conejo, ordenaron los cuatro que por el centro de la tierra se hicieran cuatro caminos, para entrar por ellos y levantar el cielo. Y para que los ayudasen el levantamiento, los dioses crearon 4 hombres: Tzontemoc, Itzcatl, Itzmalin y Tenechxochitl. Una vez creados estos cuatro hombres, los dioses Tezcatlipoca y Quetzalcóatl se convirtieron en grandes árboles: Tezcatlipoca se convirtió en el árbol que llaman Árbol del Espejo, y Quetzalcóatl se transformó en el árbol que llaman Árbol de la Gran Flor de Quetzal. Con la ayuda de los hombres, los árboles y los otros dioses, alzaron el cielo con las estrellas, como ahora está. Por haberlo alzado así, el Gran Señor de nuestra propia carne, Tonacatecuhtli, nombró a Tezcatlipoca y a Quetzalcóatl señores del cielo y las estrellas; y porque al levantar el cielo iban por él, hicieron el camino que aparece por el cielo, en el cual se encontraron, y donde están desde entonces y donde tienen su asiento.

Después de que el cielo fue levantado, los dioses dieron vida a la tierra, porque murió cuando cayó el cielo sobre ella. En el segundo año después del diluvio, bajo el signo dos caña, Tezcatlipoca cambió su nombre y se transformó en Mixcatl, Serpiente de Nubes. En este año estaba contento y quiso hacer una fiesta en honor de los dioses, y por eso sacó lumbre de sus dos palos, como ahora se acostumbra a hacer. Esa fue la primera vez que él sacó lumbre por medio de un instrumento, que consta de dos palos que tienen corazón. Sacada la primera lumbre, la fiesta consistió en hacer muchos y grandes fuegos.

• La Nueva Generación

Viendo que los cielos estaban en su lugar y la tierra en el suyo, los dioses volvieron a pensar en poner personas sobre la tierra, pero no sabían cómo hacerlo.

Quetzalcóatl se fue entonces hasta los confines del infierno en busca de los dioses del Inframundo, porque ellos tenían huesos y gusanos, insectos y otras cosas necesarias para volver a la gente a la vida.

El Señor del Inframundo recibió a Quetzalcóatl y su nagual (brujo, servidor y guía) en el infierno, preguntándoles que qué querían.

—Quiero que me prestes los huesos.

—¿Cuáles?

—Los que tú quieras.

—Pues los que tú quieras puedes llevarte.

Entonces Quetzalcóatl cogió muchos huesos, unos los

dejaba y otros los conservaba, hasta que cogió unos huesos de colores que tenía en mucho aprecio el Señor del Inframundo.

—No sé si prestarte esos huesos.

—Me has dicho que los que tú quieras puedo llevarme.

—Sí, lo que tú quieras, ¿pero para qué quieres éstos?

—Para que vuelva a haber hombres y mujeres en la tierra.

—Bueno, te los presto, pero nada más un rato, luego me los devuelves.

Quetzalcóatl sabía que no podría devolver los huesos si los usaba para crear hombres, pero de cualquier manera respondió:

—Algunos volverán solos.

—Mejor me los mandas con tu nahual.

Quetzalcóatl ya no respondió nada para no comprometerse y salió del averno con los huesos de colores bien cogidos, y mientras iba subiendo los iba agujereando y llenando los agujeros con abejas, gusanos y otros insectos que ayudan a dar vida a lo que está muerto.

Cuando estuvo fuera, le dijo a su *nahual:*

—Vete a decirle al Señor del Inframundo que ya le devolveré sus huesos.

—Pero si es mentira.

—No lo es.

—¿Y cómo no lo es si no es cierto?

—Porque cuando algunos hombres quieran conocer los límites de la frontera, su propia curiosidad los llevará al infierno, y cuando estén allí el Señor del Inframundo les podrá quitar la carne y recuperar sus huesos.

El *nahual* bajó a decirlo, pero para entonces el Señor del Inframundo ya estaba molesto porque sentía que

Quetzalcóatl lo había engañado. Así que nada más ver al *nahual* le dijo:

—Dile a tu señor que me devuelva ahora mismo mis huesos.

—Así se lo diré.

El *nahual* salió corriendo para que el Señor del Inframundo no se cobrara con sus huesos los que le había quitado Quetzalcóatl con engaños.

Quetzalcóatl, mientras tanto, estaba buscando un lugar para moler los huesos y sembrarlos, y que de ellos salieran hombres y mujeres.

El *nahual* fue a decirle que el Señor del Inframundo se había dado cuenta del engaño, y que no tardaría en salir a buscarlo si no le regresaba los huesos, y diciendo esto se fue a esconder.

El Señor del Inframundo llamó a todos los demonios y a los dioses enemigos de Quetzalcóatl, les contó el engaño y les pidió que hicieran un hoyo donde se tropezar el dios.

—Así lo haremos, le dijeron dioses y demonios, pero tú debes quedarte en el infierno como habíamos acordado desde un principio.

—Así lo haré, si Quetzalcóatl es castigado.

—¿Aunque no recuperes tus huesos?

—Aunque no los recupere, porque en cuanto Quetzalcóatl caiga, los huesos también caerán en tierra mala y no germinarán.

Así los dioses y los demonios hicieron una trampa para que Quetzalcóatl tropezara, cayera y perdiera los huesos. Y Quetzalcóatl, distraído en buscar donde moler y sembrar los huesos, tropezó, perdió el sentido y dejó caer los huesos sin moler y en tierra mala.

Al despertar fue ayudado por una diosa, que no pudo curarle las heridas porque el dios sangraba de dolor y de tristeza, porque no sólo se había hecho daño en la caída, sino que además había echado a perder los huesos, que yacían en la tierra mala sin brillo.

La diosa intentaba consolarlo, pero el dios no hacía más que sangrar y llorar, bañando los huesos con su sangre. Y de esta manera, y sin que el dios lo supiera, los huesos empezaron a germinar gracias a su sangre y los nuevos hombres y las nuevas mujeres nacían de nuevo al mundo gracias a su sacrificio.

Así dicen que Quetzalcóatl volvió a poblar la tierra, y así nacieron hombres nuevos.

• La Creación de los Alimentos

Cuentan los más viejos que una vez creados de nuevo los hombres, los dioses se espantaron de ver como crecían, y corrieron a decírselo a Quetzalcóatl.

—Muchos hombres has creado, y ahora crecen y tienen mucha hambre, y si no los alimentas todos morirán otra vez.

Quetzalcóatl no sabía qué hacer, porque cuando el cielo se había caído y el sol había cesado, los alimentos habían desaparecido, porque no se necesitaban para nada.

Los nuevos hombres, además, no recordaban cómo se comportaban los animales, ni cómo perseguir la caza o encontrar los alimentos. Pero tampoco quedaban muchos animales para pedirles ayuda, para decirles que ayudaran a los hombres enseñándoles lo que habían olvidado.

Buscó por todas partes, pero no encontraba a nadie, hasta que descubrió a una hormiga colorada comiendo un grano de maíz. Se acercó a la hormiga y le preguntó varias veces como dios que dónde estaba el alimento, pero la hormiga, taimada, no le contestaba.

De nada sirvieron las amenazas, porque la hormiga no hablaba; sólo señalaba hacia un lugar o hacia otro, como queriendo decir dónde estaba el alimento, pero no señalaba bien.

Quetzalcóatl se fue, pero volvió convertido en hormiga negra, y volvió a preguntarle a la hormiga colorada:

—¿De dónde has sacado ese grano de maíz, hermana?

—¿Es que lo has olvidado?

—Sí, hermana, lo he olvidado porque tropecé, caí y me hice daño.

—Sígueme.

Así la hormiga colorada llevó a la hormiga negra hasta donde se encontraba el Cerro de la Abundancia.

—Aquí se guardaron todos los alimentos, que de ahora en adelante sólo servirán para nosotros, los seres pequeños. Come lo que quieras, que hay hasta nunca acabarse.

—De verdad crees que por más que coma nunca se acabarán.

—Nunca, porque este es el Cerro de la Abundancia, hermana, y de todo lo que cojas vuelve a salir más. Pero no horades mucho, porque si el cerro se rompe, los alimentos no se volverán a reproducir por sí mismos nuca más.

Quetzalcóatl cogió un grano de maíz, dio las gracias a la hormiga colorada y se fue de ahí. Luego pensó en llevar a los hombres al Cerro de la Abundancia, pero eran muchos y muy grandes para entrar por donde había entrado cuando era hormiga negra, y jamás saciarían su hambre si iban sacando de grano en grano el maíz, y tampoco sabrían horadar el cerro para sacar los alimentos, porque no eran hormigas.

Así que decidió llevar el Cerro de la Abundancia a los hombres y reventarlo para que se derramaran todos los alimentos, así los hombres podrían comer lo que necesitaran y sembrar lo demás, porque fuera del Cerro de la Abundancia los alimentos no duraban para siempre si no eran cultivados.

Intentó cargar el cerro, pero no pudo. Después se ayudó de unas cuerdas, pero tampoco pudo moverlo. Fue con Oxomoco y su mujer, Cipactonatl, para que ella le leyera los granos de maíz, y ésta le dijo que sólo había un ser que podría cargar y romper la montaña: Nanahuatl. Así que se fue a buscar a Nanahuatl por toda la tierra y hasta por Tamoanchán, el aposento de los dioses, y cuando lo encontró le pidió su ayuda. Así, Nanahuatl levantó la montaña y la partió en dos con su rayo, y de ella se derramaron el maíz, el cacao, el cacahuete, el frijol, el *camote,* la *chía,* el *huautil,* el *zapote,* el *chicozapote* y todos los demás alimentos que sirven para comer y para cultivar.

Así los hombres pudieron comer, crecer y cultivar. Y así también, desde entonces las hormigas coloradas son enemigas del hombre y de las cosechas.

• Las Diversiones

Los dioses dijeron entre sí:

—Los hombres serán siempre tristes si no hacemos algo para que ellos tengan placer de vivir en la tierra, y para que nos alaben por ello, y para que canten nuestras gestas.

Esto fue oído por Quetzalcóatl, Señor del Viento, y se puso a pensar qué podría darles a los hombres para alegrarlos, entonces recordó la bebida y pensó en una para que se alegrara la gente.

Y así, pensando, pensando, le vino a la mente la diosa virgen Mayahuel, guardada por otra diosa, la vieja diosa Tzitzimitl. Entonces se fue hasta ellas, y aprovechando que la vieja estaba dormida, llamó aparte a la virgen y le dijo:

—He venido por ti para que conozcas el mundo.

Ella estuvo de inmediato de acuerdo y aceptó la invitación, y los dos bajaron de los cielos, llevándola él en hombros.

Mientras tanto se despertó la vieja, y se sintió burlada, ya que la virgen que guardaba había desaparecido, y llamó entonces a sus hijas para que hicieran venganza, y se fueron todas a buscar al dios del viento.

Quetzalcóatl, presintiendo el peligro, se convirtió en un sauce de quetzal, y la virgen se convirtió en un árbol de flores. Entonces llegaron las diosas y se posaron sobre los árboles, y el árbol de flores se rompió por sus ramas con tanto peso, y la vieja reconoció a la virgen, y por si hubiera estado mancillada, la terminó de romper y dio su pulpa a las otras diosas.

También intentaron quebrar con su peso las ramas del sauce de quetzal, pero no lograron romperlo y se fueron.

Entonces el dios volvió a su forma original, y con las semillas que las diosas escupieron al comer la pulpa del árbol de flores, hizo una siembra de la que nació el maguey, y del maguey hizo una bebida que entregó a los hombres, con la cual se refrescan, divierten y emborrachan desde entonces.

• La cocina

Así cuentan los viejos que dicen las historias, que una vez se reunieron los dioses y vieron que en cada Sol los hombres sólo comían una cosa, y nada más, un cereal, una semilla o una fruta, siempre del mismo plato, y que no disfrutaban de lo que comían, y que enfermaban por comer siempre lo mismo. Y así estaban deliberando largo rato.

Quetzalcóatl oyó lo que decían, y se puso a pensar qué podía hacer para que los hombres aprendieran a comer cereales, semillas y frutos diversos, y que no comieran de uno solo como venían haciendo hasta ahora. Quetzalcóatl mismo los había salvado del hambre dándoles el maíz del Cerro de la Abundancia, y ahora los hombres lo sembraban, cosechaban y comían, pero sólo lo sabían comer de la misma manera que habían visto hacer a los dioses, mascándolo un poco para sacarle el jugo y la pulpa, y así se lo pasaban unos

Cuatro colosales figuras que en un tiempo fueron soportes de la entrada al templo del Señor de la Casa del Amanecer, o Quetzalcóatl como la estrella matutina, en Tollan.

a otros, y así lo comían las mujeres, y lo masticaban y lo daban a sus hijos.

Así que pensando, pensando, Quetzalcóatl cogió su capa y le pidió a Nanahuatl un rayo para bajar a la tierra, y así bajó la Serpiente Emplumada (Quetzalcóatl) a la tierra, llegando por el gran lago hasta la tierra, disfrazado de hombre para entenderse con los animales y que éstos no le tuvieran miedo o rechazo.

Y llamó al topo, al mono y al perro como si fueran sus parientes, y les pidió ayuda para hacer un gran hoyo de tierra y lo tapó con hojas de plátano, y diciéndoles: «Pase usted, tío, al gran hoyo», metió a los animales dentro, les quitó la piel, diciéndoles que hacía mucho calor, los destazó sin que se dieran cuenta, y prendió fuego alrededor. Y así se cocieron los animales, en trocitos, y luego les puso chile, y comió y compartió su comida con otros hombres, que contentos y maravillados por el sabor, le pidieron que les enseñara y él los enseñó. Y así aprendieron los hombres a hacer comida con chile de los animales, y desde entonces los animales ya no saben ni quieren hablar con los hombres, y ya no son sus parientes y les rehuyen como a los dioses.

Pero después, los hombres, tuvieron sed porque el chile picaba mucho, y Quetzalcóatl partió un maguey y de su centro sacó agua miel y les dio de beber, y el restó lo machacó, lo consagró y lo convirtió en pulque, que era bueno, refrescante y daba alegría a los corazones de los hombres. Y, contentos de perder su sed, le preguntaron a Quetzalcóatl que cómo se hacía el pulque, y el les enseñó, y así aprendieron.

Y ya después a los hombres el maíz les parecía poco, y Tzenteotl, el dios del maíz, se enfadó mucho con aquel hombre que les enseñaba a los otros a beber y a comer cosas distintas, e intuyó que ese hombre debía ser otro dios, pero no sabía cuál, y sintió celos de que le quitaran a los comensales, así que se metió en la tierra, y de sus cabellos salió el algodón, de un ojo unas semillas que se comían, del otro ojo otra semilla también alimenticia, de la nariz el *chian,* de los dedos el *camote,* de los otros dedos más maíz, y así de todos sus miembros y partes del cuerpo salieron más y más frutas y semillas para los hombres.

Y llamó a los hombres y les dijo: «Comed la pulpa y sembrad las semillas para que los mismos frutos vuelvan a crecer», y los hombres comieron, sembraron y cosecharon, y volvieron a comer, sembrar y cosechar, pero también seguían comiendo y bebiendo de lo que les había enseñado Quetzalcóatl.

Así los hombres empezaron a llamar a Tzenteotl, Señor Amado, y Tzenteotl volvió a sentirse contento. Entonces Quetzalcóatl se llegó hasta el dios sembrado, y le dijo:

—Bien has hecho, y mejor harás.

Y diciendo y haciendo, Quetzalcóatl cogió los miembros del dios sembrado y los molió hasta conseguir una pasta, y con ella hizo tortas, *tamales,* panes, *atole,* y muchas cosas más, y las metió al *comal* de fuego y al horno de hojas y sacó manjares para entregárselos a los hombres. Y los hombres comieron gustosos, y pidieron ser enseñados y Quetzalcóatl los enseñó, y así aprendieron, pero en lugar de darle las gracias a Quetzalcóatl, siguieron adorando a Tzenteotl.

Entonces se hizo una gran fiesta y Quetzalcóatl se emborrachó mucho, y tomó a muchas de las mujeres de los hombres, y al otro día despertó de mal humor.

Los hombres, al darse cuenta que sus mujeres habían estado con Quetzalcóatl y que ya no querían volver con ellos porque no sabían amar como aquél, se allegaron al *jacal* de Quetzalcóatl y lo echaron para que no volviera nunca más. Quetzalcóatl quiso defenderse, pero estaba de muy mal humor y le dolía la cabeza de tanto haberse emborrachado y de tanto haber estado con las mujeres, y no pudo convertirse en dios para combatir a los hombres, así que se fue por el gran lago diciendo que él era el dios Quetzalcóatl, y que volvería, pero los hombres no le creyeron y le tiraron piedras, y luego se fueron para sus mujeres y les enseñaron todo lo que Quetzalcóatl les había enseñado, para que ellas se ocuparan de todo en lugar de pasar las noches con extranjeros borrachos, y ellas, avergonzadas de tanto haber bebido *pulque,* aprendieron y se dedicaron a moler en el *nixtamal* y a poner el horno de hojas y a encender el *comal,* y así aprendieron hombres y mujeres a cocinar y a comer todo lo que podían.

Quetzalcóatl, en venganza, maldijo al *pulque* cuando subía a los cielos, y así las mujeres no podían tocarlo sin echarlo a perder, y los hombres, que tanto gustaban de la bebida, tenían que hacerla por ellos mismos si la querían seguir tomando.

• El sol y la luna, o el origen de los sacrificios

Cuentan los viejos que dicen que decían, que antes de que hubiese día en el mundo, se juntaron los dioses en Teotihuacán y se dijeron:

—¿Quién de nosotros tendrá el cargo de alumbrar el mundo?

Tecuciztecatl se levantó y dijo:

—Yo tomo el cargo de alumbrar al mundo.

Los dioses lo aceptaron, pero luego vieron que con un

solo dios no sería suficiente.

—¿Quién será el otro?

Esta vez nadie respondió tan pronto, más bien todos callaron, y se miraban los unos a los otros en espera de que alguien contestara, pero todos seguían igual y se miraban y excusaban. Sólo uno tenía la cabeza baja y no miraba a nadie. Entonces los dioses empezaron a deliberar, y el dios cabizbajo no intervino en nada, así que todos se miraron, lo señalaron y le dijeron:

—¿Serás tú el que alumbre la otra parte del mundo?

Y el dios cabizbajo, llamado por todos Nanahuatzin, levantó la cabeza y respondió con timidez:

—En buena merced recibo lo que habéis deliberado, que así sea.

Escogidos los dioses que debían alumbrar el mundo, se acordó que debían hacer penitencia, y así estuvieron 4 días. Luego encendieron un fuego en la peña que estaba hecha de piedra, y que ahora llaman Teotexcalli, y empezaron a hacer sus ofrendas.

Todo lo que ofrendaba Tecuciztecatl era brillante y precioso: en lugar de ramos, ofrecía ricas plumas de quetzal; y en lugar de pelotas de heno, ofrecía pelotas de oro; en lugar de ofrecer espinas de maguey, ofrecía espinas hechas de piedras preciosas; en lugar de ofrecer espinas bañadas en sangre, ofrecía espinas de coral colorado; y el copal que ofrecía era muy bueno.

No era así con las ofrendas de Nanahuatzin, que en lugar de ramos, ofrecía cañas verdes atadas de tres en tres hasta llegar a nueve; ofrecía olorosas bolas de heno y gruesas espinas de maguey, y las ensangrentaba con su misma sangre; y en lugar de copal, ofrecía las postillas de sus propias bubas.

Por sus ofrendas, a cada dios se le erigió una pirámide en Teotihuacán, pirámides que todavía existen, y ante ellas hicieron 4 noches de penitencia.

Después de las 4 noches, se deshicieron de las ofrendas y de las demás cosas con las que hicieron penitencia, tanto de día como de noche, y lo hicieron justo en la media noche del día en que tenían que comenzar a realizar su oficio. Un poco antes de la media noche le dieron a cada uno de ellos sus vestimentas y sus atributos.

A Tecuciztecatl le dieron un rico plumaje llamado *aztacomitl,* y una chaquetilla de fino lienzo.

A Nanahuatzin le pusieron un tocado de papel en la cabeza, llamado *amatzontli,* y también de papel le pusieron la estola y el taparrabo (*maxtli*).

Y al llegar la media noche, todos los dioses se pusieron alrededor del Teotexcalli, donde el fuego llevaba ardiendo 4 días, y luego formaron dos filas, como haciendo un camino que llegaba al fuego.

Los dos dioses elegidos, se pusieron de cara al fuego y se fueron acercando a él, pasando por entre las dos rengleras de dioses, que de pie, como estaban, hablaron y dijeron:

—¡Sea, pues, Tecuciztecatl, entra tú en el fuego!

El dios hizo como que se iba a meter en el fuego, pero al ver el gran calor que desprendía, se echó para atrás y no entró.

Volvió a probar de entrar, pero nuevamente el miedo fue más poderoso y no se animó.

Lo intentó una vez más, pero en cuanto estaba a punto de integrarse con el fuego, volvió a dar marcha atrás.

Hasta 4 veces lo intentó, sin lograrlo, y como estaba dicho que no podían haber más de 4 intentos, el dios fue echado hacia atrás por los demás dioses, para dar paso a Nanahuatzin.

—¡Sea, pues, Nanahuatzin, prueba tú!

Y el dios tímido, al oír la voz de los dioses, simplemente cerró los ojos y se avalanzó sobre el fuego sin pensarlo y sin aparentar ningún temor. Y al entrar al fuego rechinaba y parecía que se asaba, pero no decía nada.

Viendo esto Tecuciztecatl, sintió un impulso, no se quiso quedar atrás y se metió en el fuego.

Cuentan que dicen que detrás de Tecuciztecatl se metió un águila al fuego, y se quemó las alas, y que desde entonces las águilas tienen las puntas de las alas negras porque su tatarabuela se las achicharró.

También cuentan que dicen que detrás del águila se metió en el fuego un ocelote (tigre), y que por eso los ocelotes tienen la piel manchada, porque el ocelote, a diferencia del águila, no se quemó del todo.

Como los dos animales tuvieron el valor de entrar al fuego detrás de sus dioses, desde entonces los guerreros diestros en la batalla alcanzan el grado de guerrero águila, primero, porque el águila entró primero, y de guerrero ocelote, segundo, porque el tigre entró segundo.

Después de que los dioses alumbradores se hubiesen quemado, los otros dioses esperaron sentados a ver cómo vendría a aparecer Nanahuatzin. Y así estuvieron esperando hasta que el cielo se empezó a poner colorado, y por todas partes apareció la luz del alba. Entonces se pusieron de rodillas, para ver de dónde saldría toda esa luz, para ver cómo aparecería Nanahuatzin hecho sol.

Cada quien miraba para un lado creyendo que por ahí saldría el sol, pero como la luz del alba venía de todas partes, no atinaban a acertar por donde saldría.

Unos veían hacia el norte, otros veían hacia el sur, otros hacia arriba, otros hacia el oeste, y otros tantos hacia el oriente; éstos últimos dijeron:

—¡Es por aquí por donde saldrá Nanahuatzin convertido en sol!

Y en verdad acertaron.

Cuentan que dicen que los que miraban hacia el oriente eran Quetzalcóatl, Tezcatlipoca el Colorado, Mixcóatl, que no es uno sino muchos y sin número, y cuatro mujeres, las cuatro hermanas, desde la mayor a la menor.

Cuando vino a salir el sol, apareció contoneándose, muy colorado, y nadie lo podía mirar de frente, porque robaba la vista de los ojos con su resplandor y su gran brillo, echando rayos muy fuertes para todas partes. Un poco después salió la luna, Tecuciztecatl, por el mismo oriente, como siguiendo a la par al sol. Y así como entraron al fuego, así salieron, primero uno y después el otro, convertidos en sol y luna.

Y cuentan que dicen los que platican las leyendas, que por aquel entonces los dos tenían más o menos el mismo brillo, y que por eso mismo los dioses quedaron muy amuinados y se dijeron entre ellos:

—Esto no puede ser, el mismo brillo y siempre a la par, uno detrás de otro, ¡esto no debe ser! ¿Será en verdad bueno y de bien que los dos alumbren tanto al mismo tiempo?

Entonces los dioses se reunieron de inmediato y se dijeron:

—Hay que hacerlo de esta manera, y que esta manera sea.

Entonces uno de ellos cogió un conejo, y subió corriendo al cielo para darle con el conejo en la cara a Tecuciztecatl, y así le oscureció la cara y le ofuscó el resplandor, y así su cara quedó como está ahora.

Ya uno brillaba menos que el otro, pera casi no se movían y seguían caminando a la par. Entonces los dioses se volvieron a reunir y dijeron:

—No se quieren mover, ¿cómo vamos a vivir así?, ¿qué haremos?, es que hemos de permanecer así, sin honra por nuestros fallos. ¡Muramos todos y que resuciten estos astros por nuestra muerte!

Luego el mismo Señor del Viento se encargó de matar a todos los dioses.

Aunque cuentan los que dicen, que no todos murieron de pronto, porque uno de ellos, Xolotl, el gemelo, rehusando la muerte se puso a gritar:

—¡Oh dioses! ¡Dejadme por favor con vida!

Y lloraba asustado de tal manera, que se le hincharon los ojos de tanto llorar; y cuando llegó hasta él el encargado de matarlos a todos, Xolotl salió corriendo y se fue a esconder entre los maizales, convirtiéndose en planta de maíz con dos cañas, a la que llaman precisamente xolotl los labradores; pero fue descubierto entre los maizales, y otra vez volvió a huir, y se metió entre los magueyes, convirtiéndose en maguey de dos cuerpos, o mexolotl. Pero otra vez fue visto y descubierto, y tuvo que volver a huir. Esta vez se metió en el agua y quiso convertirse en pez, pero sólo pudo convertirse en axolotl (ajolote), y fue allí donde fue encontrado y muerto.

Y también dicen los que cuentan, que a pesar de haber sido muertos los dioses, los astros seguían sin querer moverse, y que entonces el Señor del Viento comenzó a soplar y ventear con fuerza, y que así hizo para que el sol empezara a moverse. Y el sol comenzó a caminar, pero la luna aún se rezagó un poco, y hasta que el sol hubo andado un rato, la luna empezó también a moverse lentamente. Y así fue como se desviaron uno del otro, y el sol sale de día y la luna de noche.

Y el sol alcanzó un gran respeto, y ya no le decían Nanahuatzin, sino Nanahuatl, y tan pronto como llegó Nanahuatl al cielo, el señor y la señora de nuestra carne (Tonacatecuhtli y Tonacacíhuatl), le hicieron hartos honores: lo sentaron en un trono de plumas rojas de quechol, y le adornaron la cabeza haciéndole una banda de lienzo rojo. Luego se detuvo 4 días en el cielo y ocupó su lugar en el signo *Nahui Ollin* (Dios del Sol), y ahí se quedó, 4 días sin moverse.

—¿Por qué no se mueve? —se preguntaron los dioses preocupados, y mandaron a un dios, Gavilán de Obsidiana, a ver qué pasaba.

—Me mandan los otros dioses a preguntarte por qué no te mueves, señor sol.

—Porque pido su sangre y su reino —fue la respuesta.

Los dioses se reunieron al saber la respuesta, porque ahora estaban más preocupados. Entonces el dios de la Estrella Matutina se enojó y dijo:

—Yo puedo flecharlo, ¿por qué no me dejan?, ojalá no se detuviera, pero si se detiene, hay que flecharlo.

Y en verdad estaba muy enojado, y le lanzó una flecha, pero falló, y entonces el sol le lanzó flechas de plumas rojas de *arara*, y lo tiró de cabeza en los Nueve Ríos, y desde entonces el dios de la Estrella Matutina es el dios del frío.

Así el sol siguió reclamando sacrificios, y los dioses mayores se reunieron: Tezcatlipoca, Huitzilopochtli y Xochiquetzal, y decidieron sacrificar inmediatamente a los dioses en Teotihuacán.

El sol volvió a moverse con la sangre de los dioses, pero como la luna, que no se había detenido ya lo había vuelto a alcanzar, los duendes y los demonios la esperaron en una encrucijada, Papaztac volvió a pegarle en la cara con una taza que llevaba una figura de conejo, la vistieron de andrajos para que se volviera más pálida, y no la soltaron hasta que el sol se había puesto.

Después del sacrificio de los dioses, los devotos, tristes por la muerte de sus creadores, empezaron a ir al templo a buscarles, para ver si revivían, y así empezaron a sacrificarse, a llamarles y a cantarles, y los dioses se sintieron agradecidos con los sacrificios, los cantos y los bailes, y premiaron a sus devotos, dejando de premiar a los que no querían hacerlo.

Y así dicen que fue como se iniciaron las fiestas y los sacrificios.

• El origen de la guerra

Dicen los que cuentan las cosas, que los dioses agradecían los sacrificios con bienes, porque ellos mismos fueron sacrificados, y ellos mismos se postraron y dejaron sus ropas en los templos para que sus seguidores no les olvidaran.

Pero, como para que el sol continuara moviéndose era necesario que comiese corazones y bebiese sangre, los dioses hicieron que hubiese la guerra y así poder conseguir corazones y sangre.

Y, porque los dioses lo quisieron así, se hizo la guerra.

Todo comenzó con el nacimiento de las huestes de Mixcóatl (serpientes de las nubes), en un año regido por el signo 1-Pedernal.

Las serpientes de las nubes nacieron en una cueva, se criaron en el agua y fueron amamantados por Mecitli, deidad de la tierra.

Cuando crecieron, Nanahuatl, el sol, los llamó y les entregó flechas y les dijo:

—Me serviréis de comer y me daréis de beber.

Las serpientes de las nubes no cumplieron muy bien con su deber, porque se dedicaban a perseguir y matar pájaros con sus flechas, y de vez en cuando cogían un ocelote y lo ofrendaban al sol.

El día que cogieron al ocelote se vistieron con plumas, emulando a los prisioneros que estaban reservados para el sacrificio, y así emplumados se acostaron con sus mujeres, y durmieron con ellas y bebieron del *tzihuactli,* y anduvieron completamente borrachos.

Entonces el sol, al ver el poco servicio, llamó a otras serpientes de las nubes y les dijo:

—Tomad estas flechas de espinas y estos escudos fuertes, y matad a vuestros hermanos, que nada hacen para mí ni para honrar a vuestro padre y a vuestra madre.

Los perezosos, los primeros serpientes de las nubes, se preguntaron:

—¿Quiénes son éstos que se creen iguales que nosotros?

Y reunidos en el mezquite decidieron hacer la guerra a sus hermanos para que no les tomaran el lugar.

Pero sus hermanos eran cuatrocientos y ellos sólo cinco, y en poco tiempo se vieron cercados.

Los primeros cinco serpientes emplumadas eran más poderosos, y haciendo crujir los árboles y haciendo reventar la tierra y haciendo hervir las aguas, salieron de sus escondites de donde estaban cercados y mataron a las cuatrocientas serpientes de las nubes. Y así fue como alimentaron y dieron de beber al sol por primera vez, y aún querían servirlo más matando a otras serpientes de las nubes, pero éstas vinieron a aplacarlos suplicando:

—Perdonad si os hemos afligido. Id en paz a Chicomoztoc, porque desde ahora es vuestra cueva y vuestra casa.

Pero la buena voluntad de unos no fue la de los otros, y a partir de entonces las serpientes de la nubes se hicieron la guerra unos a otros con violencia y con engaños, cambiando de forma, disfrazándose de venados, de martuchas, de ocelotes y de lo que conviniera para preparar la trampa para el hermano. Y unos se lloraban a otros, pero al final el sol era servido y alimentado, hasta que los hombres aprendieron de los dioses, y salieron a luchar con los pueblos hermanos, para sacarles el corazón y la sangre, y ofrecérsela a los dioses que ya no luchaban en el cielo, para que con esa sangre y corazones de hombres, se alimentaran y alimentaran a otros dioses, y pudieran servir de comer y dar de beber al sol. Y así dicen que nació la guerra.

• Los trece cielos

Así cuentan los que dicen historias que son los cielos:

• En el primer cielo hay una estrella con faldilla que es hembra, y otra estrella con penacho que es macho. A estas estrellas del primer cielo las puso Tonacatecuhtli para que fueran nuestros guardianes del firmamento.

• En el segundo cielo hay mujeres que no tienen carnes, sólo hueso, y se les llama mujeres de mal agüero, o Tzitzimitl. Ellas están ahí para cuando el mundo se acabe, porque ellas serán las encargadas de comerse a todos los hombres. Y dicen los viejos, cuando son preguntados, que el mundo se acabará el día que desaparezcan los dioses, y cuando Tezcatlipoca se robe al sol.

• En el cielo tercero están los cuatrocientos hombres que hizo Tezcatlipoca, y que son de cinco colores diferentes: amarillos, negros, blancos, azules y colorados. Estos hombres están ahí como guardianes del propio cielo.

• En el cuarto cielo están todos los géneros de aves, de todas formas, tamaños y colores, y desde ahí vienen a la tierra.

• En el quinto cielo están las serpientes de fuego, las mismas que hizo el dios del fuego, y ésas están ahí para crear los cometas y todas las señales del firmamento.

• En el sexto cielo están todos los aires, y los dioses los pusieron ahí para que movieran todas las cosas.

• En el séptimo cielo está todo lleno de polvo y piedras, y desde allí bajan a la tierra.

• En el octavo cielo es donde se juntan todos los dioses.

• En el noveno cielo se mueve el señor de nuestra carne y su mujer, Tonacatecuhtli y Tonacacíhuatl, y de ahí en adelante nadie sabe lo que hay en el resto de los cielos, ni siquiera los dioses, porque esos cielos están reservados para el señor de nuestra carne y sus creaciones, o para lo que nadie sabe.

• A dónde van los muertos

Cuentan los viejos que dicen y saben, que los muertos pueden ir a lugares diferentes, según su muerte y según su rango.

• A Mictlán, el infierno, donde están el Señor y la Señora del Inframundo, y donde hay nueve infiernos. Ahí va cualquiera, sin importar su edad, si muere de muerte natural, de enfermedad sencilla, sin honor y sin lucha, en muerte inútil. A estos muertos se les dan papeles e instrucciones para que vayan pasando los nueve infiernos, hasta llegar al río de las nueve corrientes, porque en estos infiernos hay muchos peligros. También se les bautiza con agua y se les da de beber, y una vara para que puedan caminar, y armas para que se puedan defender, y comida para que puedan comer, y mantas para que se cubran del frío, y joyas para que pudieran vender, pero que de poco les servirían, porque el frío del infierno todo lo rompe y rasga. Estos muertos no se mueren hasta después de 4 años de muertos, y sólo desaparecen para siempre si encuentran un perro con pelo bermejo que los pase al otro lado del gran río de las nueve corrientes, después de haber pasado los otros nueve ríos de los nueve infiernos. Se les dice que no escojan al perro de pelo blanco, ni al perro de pelo negro ni al perro de pelo moteado, sino al bermejo. Si logran pasar este río, por fin desaparecen para siempre y dejan de sufrir los nueve infiernos para siempre.

• A Xotchitlapan sólo iban los niños que morían en la cuna, porque ellos no tenían culpa de que su muerte fuera útil o no, y en Xotchitlapan tendrían al árbol de la lactancia para que los alimentara y los criara, porque yacen debajo de éste y abriendo y cerrando la boca les cae lo que han de beber.

• A Tlalocan, donde van los enfermos de enfermedad grave o contagiosa, o los que son muertos por la fuerza de los dioses, es decir, los que mata el rayo, traga la tierra, quema el incendio o ahoga el agua, y en Tlalocan no les falta de nada, porque hay maíz y chile en abundancia. Cuando se les entierra no hace falta darles comida, ni joyas ni armas, sólo con un bastón, la frente pintada de azul (para que los reconocieran en el otro mundo) y ropa de papel tienen, porque en Tlalocan siempre es verano y siempre hay fruta y verdura, y no les faltará de nada ni pasarán penalidades.

• A la Casa del Sol, donde van los guerreros, hombres y mujeres, porque las mujeres que mueren de parto son mujeres guerreras. Todos los que mueren en la guerra o en el sacrificio, acuchillados, apaleados, torturados, quemados, en una lucha, o con una flecha. A éstos se les enterraba con todo tipo de ofrendas, y las ofrendas se las seguían llevando los vivos a las tumbas y los muertos con honor gozaban de ellas. Y en la Casa del Sol no sólo no les falta de nada, sino que tienen de todo en mucha abundancia. Todo es hermoso y todo brilla, hay muchas y hermosas flores, y todo es un paraíso. A los 4 años de muertos, estos difuntos se convierten en las más bellas aves de los más hermosos plumajes, y beben de las flores como los zinzones (chupamirtos) lo hacen. Las mujeres viven en la parte occidental de la Casa del Sol, en Cihuatlampa, y si bien los hombres hacen fiestas por las mañanas, las mujeres las hacen al llegar el mediodía, y ahí se aparejan, y todo es fiesta y regocijo. Y después de hacer fiestas entre ellos, los hombres se van a beber de las flores hasta el otro día, y las mujeres se van a hacerle fiestas al sol, mientras se dirigen hacia sus aposentos en el occidente. Ellas son enterradas con cosas para hacer tejidos y sus cosas que les gusta hacer, y también se les ponen muchas ropas bonitas y alhajas hermosas, para que no bajen a la tierra a buscarlos, porque con esas cosas los demonios las pueden engañar y llevárselas al inframundo, ofreciéndoles todas esas cosas que gustan a las mujeres, o presentándoles a sus maridos, a sus hijos, a sus padres o a sus amantes, para que sientan la tentación de quedarse abajo y no quieran volver al cielo, a la Casa del Sol. Por eso se las debe instruir en vida, por si mueren de parto, y enterrarlas bien para que no vuelvan.

• Los señores más elevados y principales se convierten en nubes, nieblas, pájaros, joyas y toda clase de cosas hermosas de riqueza y valor. Mientras que los de más baja ralea, y hasta los que no son más que gente común y corriente, que nunca han hecho nada relevante en su vida, se convierten en cualquier animal hediondo, en cualquier bicho o animal rastrero.

• Los códices

Muchas de las leyendas mexicanas fueron transmitidas por medio de la tradición oral, y los escritores de las épocas de la conquista e inmediata colonización, como Fray Bartolomé de las Casas o Fray Bernardino de Sahagún, tuvieron que acercarse a los viejos aborígenes en busca de documentación, ya que eran precisamente los ancianos los encargados de platicar las leyendas a la gente, en reuniones más o menos informales que se realizaban habitualmente entre los aztecas.

Las charlas de los ancianos, además de contar los orígenes de los dioses, o de cómo llegó el hombre a dominar la cocina o a curar el *pulque,* también eran de tipo moral, poético o simplemente anecdótico, es decir, que dichas charlas no siempre tenían un sentido educacional, y, como los viejos de ahora, muchas veces los ancianos aztecas simplemente contaban sus propias batallitas.

Para una información más «seria» o documentada, los investigadores tienen y tenían que referirse a los códices, es decir, a los escritos aztecas, donde, con glifos que apoyaban las partes básicas de la historia, se desarrollaban los hechos.

El problema de los códices, es que muy pocos de ellos son realmente originales, o verdaderamente antiguos, sobre todo los que más interesan a los sociólogos, arqueólogos y antropólogos, es decir, los que hablan de la vida cotidiana o religiosa de los aztecas.

La mayoría de los códices que conocemos en nuestros días fueron hechos a petición de los investigadores de la época, generalmente frailes, y en muchos de ellos se adivinan ciertas «perversiones» o deformaciones de origen católico, utilizando una moral más europea que indígena, o bien, intercalando interpretaciones propias de los clérigos, que los escribas aztecas se encargaban de poner en el amate o papel de árbol.

Pero como para hablar de los códices en profundidad se necesita un estudio más amplio y completo, simplemente haremos una lista de los más famosos, los que nos han ayudado a conocer buena parte de las leyendas de los aztecas, de sus usos y costumbres, así como de su pensamiento mágico y religioso. Estos códices son:

- *Codex Borbonicus*, en poder de la Biblioteca de la Asamblea Nacional de París.
- *Codex Borgia*, en poder de la Biblioteca Apostólica del Vaticano.
- *Codex Fejerbary-Mayer*, en poder del *Free Public Museum* de Liverpool.
- *Codex Laus*, en poder de la *Bodlein Library* de Oxford.
- *Codex Telleriano-Remensis*, en poder de la Biblioteca

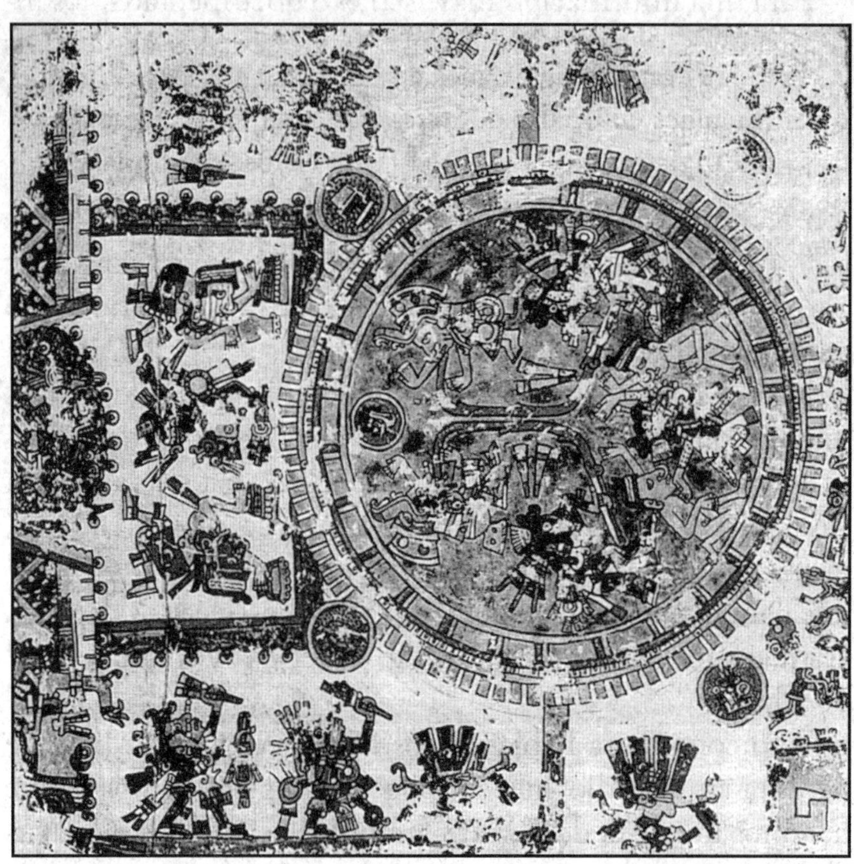

Página del Codex Borgia que representa el descanso, sacrificio y resurrección del Quetzalcóatl como planeta Venus.

Nacional de París.

• *Codex Vaticanus*, 3733, en poder de la Biblioteca Apostólica del Vaticano.

• *Codex Vaticanus*, 3738, en poder de la Biblioteca Apostólica del Vaticano.

• *Codex Vindovonensis*, en poder de la Biblioteca Nacional de Viena.

• *Codex Tonalámatl Aubin*, en poder de la Biblioteca Nacional de París.

• El *Códice Florentino* se encuentra dentro de *La historia general de las cosas de la Nueva España*, escrita por Fray Bernardino de Sahagún.

Estos códices son publicados de vez en cuando por editoriales o instituciones dedicadas o interesadas en el tema azteca, como Graz, de Inglaterra, o la UNAM (Universidad Nacional Autónoma de México), y, en forma fraccionada, aparecen ilustrando muchos libros que hablan de las culturas prehispánicas.

CAPÍTULO V
La migración de los aztecas contada por ellos mismos

«Los mitos son imanentes al hombre, ya que se desarrollan en el inconsciente universal de la humanidad, y desde éste afloran al uso e interpretación de cada cultura, de cada persona.»

JUNG

Cuentan los que dicen que saben, que así lo explica un códice antiguo, que así está escrito de cómo vinieron los mexicas de ese lugar llamado Aztlán:

En medio de una gran laguna estaba estaba ese lugar de donde las cuatro tribus de los mexicas vinieron hacia acá, a Tenochtitlan.

Cuando querían hacer méritos para venir, colocaban ramas de pino en sus akaltontlis.

Y también había ocho tribus nahuas que salieron del lugar llamado Cueva de Origen:

La primera era la de los huejotzingas.

La segunda era la de los chalcos.

La tercera era la de los xochimilcas.

La cuarta era la de cuitlahuaca.

La quinta era la de los malinacos.

La sexta era la de los chichimecas.

La séptima era la de los tlapanecas.

Y la octava era la de los matlatzinca.

Estas tribus estaban por Culhuacán, por donde tenían sus tierras y sus casas.

Y allí estaban cuando vieron a los aztecas que venían de Aztlán después de cruzar las aguas, y al verlos venir les dijeron:

—Señores nuestros, ¿a dónde van? Dejen que nosotros también les acompañemos.

Y los aztecas les preguntaron a su vez a los de las ocho tribus:

—¿Y a dónde quieren que los llevemos?

Entonces respondieron los señores de las ocho tribus:

—No se preocupen, señores, que nosotros los llevaremos.

Y los aztecas dijeron:

—Está bien, nosotros los seguiremos.

Y los hicieron pasar por Culhuacán, donde los aztecas recibieron y aceptaron a un dios, Huitzilopochtli. Entonces se pusieron en camino; los aztecas habían traído desde Aztlán una mujer diosa, Chimalma. Y así, repartidos en cuatro divisiones dejaron Culhuacán en el año uno pedernal, y cuatro aztecas de ellos llevaron a cuestas a su ahora dios:

Uno se llamaba Cuauhcohuatl, el segundo se llamaba Apanecatl, el tercero se decía Tezcacouacatl; la cuarta era Chimalma.

En cuanto llegaron a Cuautlizintlán, establecieron su campamento debajo de un árbol grande, y allí levantaron una pirámide de tierra para colocar a su dios. Luego se asentaron y comieron lo que habían traído para comer, porque tenían hambre, y en ese momento el árbol que les daba sombra se partió en dos. Entonces dejaron la comida y estuvieron sentados, muy tristes y cabizbajos, durante un largo rato. Entonces les habló el dios y les dijo:

—Id a donde las ocho tribus y decirles: «Nosotros no seguiremos adelante, sino que nos volveremos para atrás».

Cuando los aztecas les hubieron dicho esto, los señores de las ocho tribus se pusieron tristes, y les respondieron:

—Señores nuestros, ¿entonces ahora a dónde iremos nosotros?, será mejor que los acompañemos.

—No, no —dijeron los aztecas—, esta vez es mejor que ustedes se vayan solos.

Entonces las ocho tribus se fueron y dejaron a los aztecas en Cuautlizintlán, y ahí se quedaron por largo tiempo.

Pero el tiempo pasó y los aztecas también avanzaron, y entonces se encontraron por el camino con unos hechiceros que se habían caído del cielo, unos entre cactus redondos, y otros debajo de los mezquites. Aquellos hechiceros eran los que se llamaban Mixcóatl, serpientes de nubes. Uno de ellos era Xiuhnel, el otro era Mimich, y la tercera, una mujer que era la hermana mayor de ambos.

Y en esto estaban cuando su dios les habló de nuevo:

—Apresad a los que están entre los cactus redondos, ellos serán los primeros que nos darán tributo.

Fue entonces, en ese mismo lugar, que los aztecas cambiaron de nombre, porque su dios también les dijo:

—Desde ahora ya no serán ustedes aztecas, sino que serán mexicas.

Y mientras adoptaban y se acostumbraban al nombre, se emplumaron las orejas.

Entonces el dios les dio arcos, flechas y las bolsas de red.

—A todo lo que hay en el aire sabrán los mexicas atinar con sus flechas —les dijo su dios, y así hicieron.

Después pasó el tiempo y llegaron a donde llora la huasteca, a Cuextecatlichocayan, y después, en el año dos casa, a Coatlicamac, la fauce de la serpiente, y en ese mismo lugar dejaron que pasaran los años. Pero en el año dos caña se hizo fuego en Coatlepec, y entonces los mexicas tuvieron que irse a Tollan (Tula).

En el año seis pedernal, los mexicas se llegaron hasta Atlacuiuayan, donde se quedaron cuatro años, y allí mismo inventaron la cerbatana y las flechas, por eso nombraron a ese sitio el lugar donde se recibe la cerbatana.

En el año nueve pedernal pasaron a Chapultepec, pero ahí los tepanecas y los de Culhuacán tuvieron miedo al verlos tan numerosos, y vinieron de los cuatro costados para atacarlos, pero los mexicas resistieron y se quedaron veinte años en Chapultepec. A mediados del último año, empero, partieron para Acocolco, donde fueron rodeados por los enemigos y al fin cayeron, aunque tuvieran que ligarse muchos años para ello. En Acocolco lo pasaron tan mal los mexicas, que tuvieron que hacerse vestidos con las pencas del maguey.

Huitzilihuitl, el jefe mexica, junto con su hija menor, llamada Azcalxox, fueron llevados para Culhuacán, mientras que la hija mayor, llamada Tezpanxox, fue llevada a Ixtlahuacan; ella iba desnuda, ningún vestido cubría su cuerpo. El Culhuacán gobernaba Coxcoxtli, y Huitzilihuitl le pidió protección para su hija.

—¡Oh, señor, ten un poco de compasión para mi hija!

Pero Coxcoxtli le respondió:

—¡No, ella se quedará como se encuentra!

Así fue como en el año tres pedernal los mexicas se tuvieron que quedar por el reino de Culhuacán, y se aposentaron por Contitlan, en Tizapan de Culhuacán.

Pero sucedió que en el año seis caña los culhuas se armaron para la guerra y fueron en contra de los xochimilcas. Y cuando los xochimilcas pusieron en peligro a los culhuas, el rey Coxcoxtli dijo:

—¿No están todavía por ahí los mexicas? ¡Qué vengan!

Luego luego los llamaron, y cuando llegaron a presencia del rey, éste les dijo:

—Vengan con nosotros, o los xochimilcas nos vencerán. Yo ofrezco la recompensa de un saco lleno si ustedes ganan y prenden a los xochimilcas, para que sean prisioneros.

Entonces los mexicas contestaron.

—Está bien, pero por lo menos danos un escudo y una espada, aunque sean viejos y pequeños, por piedad.

Pero el rey fue taimado y les dijo:

—No, no, es mejor que se vayan a la guerra así como están.

Los mexicas se consultaron entre sí:

—¿Qué llevaremos entonces?

Luego agregaron:

—Bueno, pues aunque sea sólo con nuestros cuchillos de pedernal, les cortaremos las narices a los que hagamos prisioneros, porque si les cortamos las orejas, nadie querrá saber nada, además, puede que los que hagamos prisioneros tengan ya cortadas las orejas de los dos lados. ¡Olvidemos las orejas, vayamos por sus narices! Y vamos a llevarnos *chiquihuites* para poderlas contar, a ver qué es lo que pasa...

Entonces tomaron los *chiquihuites* y se fueron para la guerra, formando su ejército en el río de la serpiente, y se pusieron a las órdenes de Tezitzilin, que llevaba puesta, para denotar su rango, una camisa de tiras de papel extendidas, y este jefe de guerreros les dijo:

—¡Pónganse en camino, mexicas!

Pero tan pronto como los mexicas le trajeron a los primeros prisioneros, el jefe de guerreros se aterrorizó, y hasta lloró por haber arengado a los mexicas.

Hasta las mismas puertas de Xochimilco llegaron los mexicas, y entonces se regresaron con los chiquihuites llenos.

Luego se hizo la cuenta de los prisioneros delante del rey Coxcoxtli, y los mexicas le dijeron:

—¡Oh, rey! Estos son todos nuestros prisioneros, hemos llenado cuatro sacos con ellos.

Inmediatamente Coxcoxtli llamó a sus consejeros y les dijo:

—Estos mexicas ya no son humanos. ¿Cómo han podido hacerlo? Si yo sólo quería ponerlos a prueba, y, si se podía, deshacerme de ellos.

Desde entonces todos les tomaron mucho miedo a los mexicas.

Solamente a cuatro de sus prisioneros llevaron con vida, pero no se los mostraron al rey. Luego levantaron una pequeña pirámide de piedra en Tizapan, y en cuanto la terminaron se fueron a ver al rey y le dijeron:

—Déjanos a alguien para que santifique nuestra pirámide con alguna pequeña cosa.

Y el rey les contestó:

—Está bien, ustedes se merecen alguna cosa, que vayan mis sacerdotes y lo hagan.

Después llamó a sus sacerdotes y les dijo:

—Póngales en su santuario caca, pelos y un pájaro de la noche.

Los sacerdotes obedecieron, pero se fueron ya en la noche

a hacer estas cosas.

Los mexicas dijeron al despertar:

—Veamos lo que nos han puesto en la pirámide.

Cuando vieron en el interior y se dieron cuenta de que les habían puesto cacas en su pirámide, se pusieron muy tristes. Entonces quitaron las porquerías y santificaron su pirámide con ramas de pino y de espino. Y una vez hecho, fueron a convidar al rey.

Cuando éste vino, vio cómo sacrificaban a los prisioneros, bien ataviados para la inmolación con adornos preciosos, como el adorno de plumas de la gente de la costa, escudos de turquesa y plumas de quetzal, pero sólo lo parecía, porque en realidad no era así.

Entonces los mexicas empezaron a sacar fuego de los prisioneros, para demostrar así que estaban ligados a sus años en Chapultepec, porque desde entonces, desde que estaban rodeados de enemigos y vencidos, no habían podido volver a hacer fuego.

Al ver esto, los de Culhuacán se pusieron nerviosos, se enojaron mucho y Coxcoxtli dijo:

—¿Pero quiénes son éstos? Éstos no son seres humanos, ¡échenlos fuera!

Y así echaron a los mexicas fuera de tierra firme, y éstos entraron sobre *akaltontlis* de caña al juncal de Mexicatzingo; y mientras iban pasando sobre las *akaltontlis* de caña, los iban bañando con una lluvia de flechas.

Pero pasaron, y Axolohua y Cuauhcóatl, sacerdotes ambos, fueron a buscar lugar para que los mexicas se pudieran asentar, porque ahí todo era agua y juncos, y cuando hubieron penetrado en el centro del juncal, vieron un peñasco, con un nopal encima, y encima del nopal un águila comiendo una serpiente. Detrás del nopal estaba el nido del águila, formado con plumas preciosas de quechol, cotinga y quetzal.

De pronto, uno de los dos hombres, Cuauhcóatl, regresó corriendo y asustado para decir a los demás mexicas:

—Apenas habíamos visto el agua que parecía un remolino azul, cuando de pronto Axolohua fue jalado debajo del agua.

Pero al otro día, se les apareció Axolohua a unos y dijo:

—Yo me fui, y he visto a Tláloc, y éste me dijo: «Ahora mi querido carne de mi carne, Hutizilopochtli, ha llegado a su meta, puesto que aquí estará siempre su casa. Pero él tendrá que trabajar todavía muy duro para que los dos podamos vivir en tierra firme».

Y estos unos lo fueron a contar a los otros, y cuando todos se hubieron enterado, todos fueron a ver lo contado con sus ojos. Y en cuanto divisaron el nopal sobre el peñasco, limpiaron el suelo detrás de éste y ahí hicieron una pirámide de tierra.

Poco tiempo después, Xomimitl, jefe mexica, fue a pasear por ahí y se encontró con Chilchilcuahuitl, jefe de guerreros de Culhuacán, y lo cogió y se lo llevó prisionero, y los demás mexicas lo tomaron y lo metieron vivo dentro de la pirámide, y así santificaron su pirámide, con un jefe de guerreros de Culhucán. El año en que la pirámide fue establecida de esta manera, era un dos pedernal.

Y así fue como los mexicas recorrieron su camino y los años hasta llegar a la que sería casa de Huitzilopochtli.

El abandono de Aztlán

Cuentan que dicen en las leyendas, que los aztecas estaban tan tranquilos en Aztlán, hasta que un día se les apareció muchas veces y sobre un árbol, un pájaro que se pasaba el tiempo cantando y repitiendo algo que decía como «Tihui». Y el pájaro aparecía a menudo y repetía todo el tiempo eso que parecía estar diciendo: «Tihui, tihui, tihui (ya vámonos, ya vámonos, ya vámonos)», y como esta cantinela se estaba repitiendo mucho durante muchos días, uno de los más listos de los aztecas, de buen linaje y buena familia, llamado Hutiziton, se puso a pensar en ello, y, considerando el caso, quiso aprovecharse para fundar su intención, y dijo a todos los que quisieran oírle.

—Esto debe ser el llamamiento de alguna deidad oculta, que se esta sirviendo del canto del pájaro.

Y así iba diciendo, y se buscó un compañero para que le secundara en la idea, y éste fue el llamado Tecpatzin, al que le dijo:

—¿Es que tú, tan listo, no te has dado cuenta de lo que el pájaro nos está diciendo?

—No, no me di cuenta de lo que dice —contestó Tecpatzin.

—Pues óyelo bien, porque nos está diciendo que nos vayamos con él, nos lo está mandando, así que es mejor que le hagamos caso y lo sigamos.

Entonces Tecpatzin puso abierto el oído y empezó a entender en el canto del pájaro lo que le había dicho Huitziton, y así se hizo del mismo parecer. Y ya entre los dos juntos se lo pudieron hacer entender al resto del pueblo. Y así se empezaron animar, persuadidos que una deidad les llamaba, como decían Huitziton y Tecpatzin, y al poco tiempo ya todos entendían lo mismo del canto de aquel pájaro: «Ya vámonos, ya vámonos, ya vámonos».

Y así fue como empezaron a desmontar sus casas y terminaron por organizarse para irse de ese lugar, siguiendo la fortuna que les prometía el porvenir.

El paso por Tollan (Tula)

Cuentan los que saben y dicen, que ya hace casi la edad de un Sol que los mexicas se emparentaron con los toltecas, y por ellos fueron hijos de Quetzalcóatl, y de ellos aprendieron el arte de la guerra, y hasta el arte de los penachos como está escrito en las piedras de Tollan.

En Tollan los aztecas se encontraron con los de Teotihuacán, que venían huidos de los malos tiempos, así como con muchas otras tribus que venían de todas partes, pero sólo los mexicas aprendieron la fiereza de los guerreros toltecas, y el arte de los sacrificios en la panza de Chakmool.

En Tollan nacieron muchas leyendas, porque a los de Tollan las cosas les venían de muy antiguo, y esa sangre se mezcló con las de los mexicas en su camino hacia el porvenir.

Quetzalcóatl fue muy estimado en Tollan desde viejos tiempos, por eso le tenían un templo muy alto con muchos escalones estrechos y elevados donde apenas si cabía el pie.

La cara de Quetzalcóatl era muy fea, diferente a la de los hombres, porque era una cara larga y con pelos (barba).

Los vasallos que tenía el dios eran todos oficiales en artes mecánicas, y además sabían esmolar muy bien las obsidianas verdes, las llamadas *chalchihuites,* y también sabían fundir la plata, y muchas otras cosas que les había enseñado el mismo Quetzalcóatl.

Los toltecas eran muy ligeros de andar, por eso se les conocía como «los que corren todo el día». Y desde el Cerro del

Grito, Tzatzitepetl, daba voces un pregonero para llamar a los pueblos apartados; hasta los de Anahuac, a cien leguas de ahí, oían y entendían lo que decía el pregonero en nombre de Quetzalcóatl.

Porque Quetzalcóatl no sólo fue dios, sino que se hizo hombre y reinó en carne a los toltecas, y durante su reino fue muy abundante el maíz. También fueron abundantes las cañas de bledos y las calabazas. Todo era muy abundante, muy gordo y muy largo. También pizcaban algodón de muchos colores, que no lo coloreaban, porque el algodón era rojo, amarillo, blanco o negro porque así nacía.

Los toltecas tenían gracias a Quetzalcóatl abundancia de todo, desde aves de los más ricos plumajes, hasta piedras preciosas y otras riquezas. Y hasta tenían muchos árboles de cacao de diferentes colores, los *xochicacaóatl.*

De ese Quetzalcóatl decían los toltecas muchas cosas, como que hacía penitencia sacándose sangre con las espinas de las pencas del maguey, y que en la noche se lavaba en la fuente de Xipacaya.

Pirámide de Tollan, la capital de los toltecas

Los toltecas decían ser los primeros pobladores de esta tierra, pero ya venían de Tollantzingo, y que había testimonios de ellos en las cosas viejas que ahí dejaron, así como un templo que aún dura por estar tajado de piedras y peñas, aunque sea una casa de tablas. Y de ahí se vinieron a vivir cerca de Xicotitlan, y fundaron Tollan, y de ello aún podemos ver sus obras, como los pilares de culebras y otras muchas cosas hechas en piedra, y hasta un cerro que dejaron a la mitad.

Todos estos toltecas se llamaban chichimecas, de los que todavía hay, y de ellos heredaron su fiereza. Pero se cambiaron el nombre porque se convirtieron en oficiales de arte esmerados, preciosistas y pulidos, que es lo que quiere decir tolteca.

Los mexicas aprendieron muchas cosas de los toltecas, pero no sólo los mexicas son sus herederos, también lo son todos los pueblos que hablan el nahuatl en las muchas de sus formas y acentos. Todas las tribus nahuas, por tanto, están emparentadas con los toltecas y de ellos han aprendido los oficios, a reconocer las hierbas medicinales y venenosas, a tallar y a lavar las piedras, y a ver las señales de los cielos, porque los toltecas son pioneros en astrología, porque ellos fueron los primeros en sacar cuentas del tiempo y del cielo, y dividieron el año en meses, en días, en noches, porque conocían la diferencia de los tiempos, y dejaron dicho cuáles era los días buenos y cuáles eran los malos. También fueron los toltecas los que inventaron el arte de interpretar los sueños, y les pusieron nombre a las estrellas y conocían el movimiento de las estrellas en el cielo.

Los toltecas no eran como otras tribus, sino que eran educados y corteses, y apegados a la sinceridad y a la virtud. Sabían que habían doce cielos, y que en el más alto de todos vivían el más grande señor y su mujer, dos veces señor y dos veces señora, porque dominaban tanto los cielos elevados como la tierra, aunque Quetzalcóatl les dijera que había un solo dios, y que ese dios era Quetzalcóatl, y que no quería más sacrificios que los de mariposas y culebras, y durante su reinado así lo hicieron, porque eran devotos y obedientes con sus dioses.

Cuando se fue Quetzalcóatl, muchos toltecas lo siguieron, casi todos, pero otros se quedaron, como los viejos, las viejas, los enfermos o los que no quisieron ir con él. Entre los que se quedaron, volvieron sus ojos a los otros dioses, y volvieron a sus antiguas costumbres, pero los toltecas más finos y más hábiles se habían ido con Quetzalcóatl, y poco a poco los toltecas comenzaron a menguar, y todo fue para sus herederos que se desperdigaron hacia otros pueblos, porque Tollan había dejado de ser Tollan.

Así conocieron los mexicas a los toltecas, y de su rey dios Quetzalcóatl sólo encontraron las historias que ahora se cuentan y dicen, y aun aprendieron muchas cosas de ellos, y también se emparentaron y fueron sus herederos.

• La destrucción de Tollan

Cuentan los que saben y dicen que un buen día Tezcatlipoca descendió del cielo como una araña que baja de su telaraña, y ya en tierra se dedicó a desterrar a Quetzalcóatl, que durante muchos años había sido señor de Tollan. Jugando con él se convirtió en ocelote, y la gente que lo miró se espantó mucho y huyeron todos.

Con el tropel y el susto que llevaban, al final sucedió que muchos se despeñaron y cayeron en el río que por ahí pasa, y se ahogaron, mientras que Tezcatlipoca perseguía a Quetzalcóatl de pueblo en pueblo hasta que llegó a Cholula.

Así llegó el tiempo del final de la fortuna de Quetzalcóatl y de los toltecas, y en eso llegaron hasta ellos tres tecolotes negros: Hutizilopochtli, Titlacahuan y Tlacahuepan, que con sus brujerías hicieron muchos embustes en Tollan.

El primero en hacer sus brujerías fue Titlacahuan, que disfrazado de viejo cano y chaparro se acercó hasta los aposentos del rey y dijo a sus pajes y enanos:

—Quiero ver y hablar al rey Quetzalcóatl.

Éstos le contestaron:

—Anda, vete de aquí, viejo, que no lo puedes ver porque está enfermo y tu presencia le dará pesadumbre.

Pero el viejo insistió:

—Es que lo tengo que ver, de verdad.

Entonces los pajes le contestaron:

—Bueno, pues aguarda aquí, que hemos de consultarlo.

Así se fueron hasta Quetzalcóatl y le dijeron:

—Señor, ahí está un viejo que viene de tal manera y dice que tiene que verte. Nosotros le dijimos que se fuera, pero no quiso, y dijo que de verdad tenía que verte.

Y contestó Quetzalcóatl:

—Pues díganle que entre acá, que hace muchos días que lo estoy esperando.

Luego se fueron a llamar al viejo y le dijeron que entrara, que Quetzalcóatl lo estaba esperando.

—Señor, hijo —dijo el viejo— ¿Cómo estás tú?, mira, te he traído una medicina para que te cures.

Y Quetzalcóatl le contestó:

—Enhorabuena seas bienvenido, viejo, que ya desde hace muchos días que te estoy esperando.

—Señor, hijo —dijo el viejo, ¿cómo estás de tu salud?

Y Quetzalcóatl le dijo:

—Pues estoy muy mal dispuesto, y me duele todo el cuerpo, y no puedo menear ni los pies ni las manos.

Entonces el viejo le dijo a Quetzalcóatl:

—Señor, hijo, aquí te traigo una medicina muy buena para que te cures bebiéndola, es muy buena y saludable, pero todo aquel que la bebe se emborracha. ¿Quieres beberla?, que te curará bien y mucho, pero también te emborrachará, y te ablandará el corazón, y te hará recordar los trabajos y las fatigas, y también te recordará la muerte, y hasta tu próxima ida.

—¿Y adónde tengo que irme? —respondió Quetzalcóatl—. Dime, viejo, dónde tengo que ir hoy.

Y le dijo el viejo:

—Por fuerza, señor, tienes que irte a Tollan Tlapallan, en donde otro viejo te aguarda, y tienes que hablar con él de vuestras cosas, y ya verás que cuando vuelvas lo harás hecho un mancebo, volverás, ya lo verás, convertido en un muchacho.

A Quetzalcóatl se le movió el corazón con estas palabras, pero antes de que pudiera decir nada, el viejo volvió a hablar:

—Venga, señor, bébete esta medicina.

Y Quetzalcóatl le contestó:

—No, viejo, yo no quiero beber.

El viejo insistió con fuerza:

—¡Que la bebas, te digo! Porque si no, ya lo verás, después se te antojará estarla bebiendo. Por lo menos póntela en la frente y dale un traguito.

Por fin, Quetzalcóatl probó un poco, y le gustó, y después la bebió mucho.

—¿Pero qué es esto? —dijo Quetzalcóatl—. La verdad es que está muy buena y sabrosa esta medicina, y, es más, ya me estoy curando, ya no siento mis males.

—Pues sigue bebiendo —le dijo el viejo—, porque mientras más bebas, señor, más sano te pondrás todavía.

Y Quetzalcóatl le cogió gusto a beber aquella medicina, y se puso alegre, y luego triste, y se puso a pensar en su partida, y se le movió y ablandó el corazón, y ya sólo pensaba en que tendría que irse de ahí algún día, y es que el bebedizo no era ninguna medicina, sino puro pulque de maguey. Y así el tecolote negro y viejo lo había engañado a Quetzalcóatl, con más embuste que brujería, porque sabía que en esa tierra estaba prohibido beber de más si no era una fecha señalada, una gran fiesta, sobre todo él, que era rey y dios, y tenía que dar ejemplo.

Pero ese no fue el único embuste, porque el tal Titlacahuan volvió a disfrazarse, con sus malas artes, de huasteco mancebo, que andaba desnudo de todo el cuerpo, de la misma manera que iban los huastecos de aquellos tiempos.

Y así encuerado se fue al mercado y se puso a vender chiles verdes delante de la puerta del palacio.

Huemac, señor de los toltecas en lo temporal, tenía una hija muy hermosa, tan hermosa que muchos de los toltecas principales la codiciaban en ese tiempo para hacerla su esposa, pero Huemac no se decidía a dar a su hija a ninguno de los toltecas que se la habían solicitado.

La hija de Huemac miró hacia el mercado y vio al huasteco mancebo y desnudo vendiendo sus chiles verdes, y también le vio los genitales que llevaba al aire.

Después de haberlo visto entró en el palacio corriendo,

pero ya se le había antojado el miembro del huasteco, y al poco tiempo ya empezó a sentirse muy enferma de amor por lo que vio, y se le empezó a hinchar todo el cuerpo.

Huemac se enteró de que su hija estaba muy mala, y entonces fue a preguntarles a las mujeres que la guardaban:

—¿Qué mal tiene mi hija, señoras? ¿Qué enfermedad es ésta que se le ha puesto el cuerpo tan hinchado?

Las mujeres le respondieron diciéndole:

—Señor, cómo vamos a decírselo, si su hija está enferma de esta manera por culpa del huasteco ese que andaba desnudo en el mercado vendiendo chiles verdes, y como su hija le vio el miembro, pues se nos ha puesto muy mala de amores.

Huemac, al oír estas palabras, dijo enfadado:

—¡Toltecas, oídme, id en busca de ese huasteco que anda desnudo y vendiendo chiles verdes, que por fuerza he de encontrale!

Pero como no lo encontraban en ninguna parte, el pregonero del reino se subió al Cerro de los Gritos, y pregonó diciendo:

—¡Toltecas, toltecas, si alguno ve a un huasteco desnudo vendiendo chiles verdes, han de traerlo corriendo ante el señor Huemac!

Y así todos estuvieron buscando al huasteco, pero como no lo encontraban fueron a decírselo a su señor Huemac.

Pasó algo de tiempo, y después el huasteco volvió a aparecer por el mercado, desnudo y vendiendo chiles verdes, y en cuanto lo vieron corrieron a decirle al señor Huemac que ya había aparecido el huasteco.

—¡Pues que esperan para traérmelo hasta aquí corriendo!

Los toltecas fueron a por él, y lo llamaron y lo llevaron

ante el señor Huemac, y, una vez ante él, el señor de los toltecas le dijo:

—¿De dónde eres?

—Señor, yo soy extranjero, y sólo vengo a vender aquí mis chiles verdes.

—¿Y dónde andabas, qué te dilataste, y por qué no llevas puesto el *maxtli,* y por qué no te cubres con nada?

—Señor, tenemos en nuestra tierra la costumbre de ir como vamos.

—¿Y no sabes que por así andas dando malos antojos? Mi hija está enferma de ese antojo y tú mismo tendrás que curarla.

El huasteco se hizo el muy espantado, y le dijo a Huemac:

—Señor, lo siento, pero esto que me pides no puede ser, yo no soy digno, si me has de quitar la vida, mátame de una buena vez, pero no me hagas oír esas palabras, porque no puede ser. Yo sólo he ido a tus tierras a ganarme la vida vendiendo chiles verdes.

Huemac lo vio tan espantado, que le dijo:

—No te preocupes, pero por fuerza has de sanar a mi hija, no tengas miedo.

Y diciendo y haciendo, por orden del señor se llevaron a otra sala al huasteco y lo bañaron y trasquilaron, le cubrieron todo el cuerpo con tinta y le pusieron el *maxtli* de taparrabo, y le dieron una capa, y de nuevo lo llevaron ante Huemac, que le dijo:

—Anda y entra a ver a mi hija ahí donde las mujeres la guardan.

Y el huasteco así lo hizo, y esa noche durmió con la hija del señor de los toltecas, y de verdad la sanó e hizo que se pusiera buena, y de esta manera se convirtió en el yerno de Huemac.

Los señores principales toltecas que habían pretendido a la hija del monarca, se pusieron muy molestos y empezaron a criticar y a injuriar al rey por haber dado a su hija a un huasteco, y aunque decían las afrentas en voz baja, estas palabras llegaron hasta los oídos de Huemac, y los mandó llamar.

—Bien he oído lo que ustedes andan diciendo de mí, porque tienen celos y envidia por el amor que he demostrado a mi yerno, y todo porque es huasteco. Pero como no debo poner el mal dentro de mi pueblo, he pensado que lo mejor es ustedes se lleven disimuladamente a mi yerno a las guerras que tenemos con los de Zacatepec y los de Coatepec, para que nuestros enemigos nos hagan el favor de matarlo.

Y así lo hicieron los señores principales de los toltecas, que juntaron muchos peones y se armaron para ir a la guerra, invitando al huasteco para que los acompañara.

Cuando llegaron al lugar de la batalla, con engaños le dijeron al huasteco que se enterrara para esperar a los enemigos, y así, cuando los tuviera cerca, podría salir del entierro para matarlos a todos.

Así que los señores toltecas lo dejaron ahí enterrado y se fueron con sus mejores tropas a la guerra, dejando al huasteco acompañado sólo de pajes y bufones, para que lo entretuvieran mientras estaba enterrado, porfiando de que ellos ganarían la guerra, y que después regresarían para matarlo.

Pero los de Coatepec se defendieron con fiereza y vencieron a las tropas de los toltecas, y los perseguían de un lugar para otro matando a muchos peones y guerreros. Entonces los señores de los toltecas se dieron la vuelta y se fueron para

Tollan, confiando que los de Coatepec acabarían matando al huasteceo, que ya debía estar muy cansado en un entierro tan fuerte después de tantos días.

El huasteco enterrado estaba esperando a los enemigos, mientras los pajes, los enanos y los bufones hacían gracias y piruetas, aunque tenían cara de preocupados, pero él les decía:

—Ya pueden estar tranquilos, porque en cuanto aparezcan los enemigos saldré de este entierro y los mataré a todos, porque yo sé que los tengo que matar, que para eso fui invitado. No tengáis miedo.

Y así fue, porque cuando los enemigos se acercaron por ahí al ver a los pajes y enanos, el huasteco se levantó librándose sin esfuerzo del entierro, y empezó a matar enemigos en gran número, persiguiendo a los que huían.

Como todo esto vino a oídos de Huemac, que conocía el engaño, se espantó y le pesó mucho, y mando llamar a los señores toltecas y les dijo:

—Lo mejor es que vayamos a recibir a nuestro yerno como merece.

Y diciendo y haciendo se fueron a recibirle de la guerra, con las ofrendas y vestimentas que se merecía, para dárselas al huasteco. Y así recibieron al huasteco y a los pajes, bufones y enanos, que venían por el camino cantando y bailando, y les tañeron las flautas en señal de victoria y alegría.

En cuanto llegaron al palacio de Huemac, los toltecas le emplumaron la cabeza y le tiñeron todo el cuerpo de amarillo, y la cara de colorado, haciendo lo mismo con los pajes, bufones y enanos, como si fueran grandes guerreros, porque éstos eran los regalos que les hacían a los que volvían victoriosos de la guerra.

Dios de la Primavera,
representado como caballero tolteca

Y entonces Huemoc le dijo al huasteco:

—Ahora sí que estoy contento con lo que hiciste, y todos los señores toltecas también están contentos, y el resto de los toltecas también, así que descansa y reposa.

Pero el huasteco no reposó ni descansó, sino que mandó que se hiciera una gran fiesta al otro lado del río, para que tuvieran espacio porque había de venir mucha gente. Y así se juntaron muchos toltecas, porque el pregonero anunció la fiesta desde el Cerro de los Gritos. Y en la fiesta se bebió y comió mucho, y después el huasteco empezó a tocar un tambor mágico, y empezó a cantar una canción para que todos la repitieran, y así estuvieron muchas horas, tocando y cantando la misma canción hasta que todos estaban tan mareados que no se daban cuenta de nada. Entonces el huasteco, poco a poco, dejó de ser el huasteco y se convirtió en el tecolote negro que era, y siguió tocando el tambor y cantando, hasta que la gente empezaba a despeñarse por el río, para morir ahogados o convertirse en piedras. Y eran tantos bailando y cantando ahí, que el tecolote negro rompió el puente y los mandaba a cruzar el río por ahí, para que también murieran ahogados. Y así continuó la fiesta, con muchos muertos, más que en las batallas, y el huasteco no volvió a aparecer nunca más.

Y así fueron sucediéndose las malas señales, y los toltecas iban muriendo o desapareciendo. Incluso cuando descubrían a uno de los tres tecolotes negros en sus embustes y brujerías, y los mataban a pedradas, los toltecas seguían muriendo, porque uno de los tecolotes negros apestaba tanto al morir, que mató su su hedor a muchos toltecas.

Y luego vinieron a ser más los de fuera que los de dentro, y muchas de las tribus nahuas empezaron a pasar por Tollan sin ningún temor ni ningún respeto, y hasta los mismos toltecas, que en tiempos de Quetzalcóatl no hacían sacrificios más que de mariposas y culebras, volvieron a hacer sacrificios humanos, que agradaban más a otros dioses, como a Tezcatlipoca, Hutizilopochtli y Tláloc, sin que Quetzalcóatl pudiera hacer nada, entre otras cosas, porque desde hacía tiempo que los mismos toltecas lo habían expulsado por sus pecados, que cometió bajo los engaños de los otros dioses y los tecolotes negros, pero que fueron pecados al fin y al cabo. Algunos toltecas preeminentes lo siguieron en su partida, pero otros se quedaron a medrar en las riquezas que se dejaban atrás. Y así, desde que Tezcatlipoca llegó a Tollan, empezó la decadencia, hasta que, en un año uno pedernal, desaparecieron todos los toltecas, y los pocos que quedaron se diseminaron por todos los rumbos, unos se fueron con sus primos los mexicas, y otros con sus primos los chichimecas, dejando sólo recuerdos en piedra de su presencia en la tierra.

• El sueño de Tollan

Cuando los aztecas habían entrado en la tierra de Tollan, asentados ya y puestas sus casas alrededor del tabernáculo, su dios Huitzilopochtli mandó en sueños, a los sacerdotes que dormían, que atajasen el agua del río que pasaba allí al lado, para que el agua se derramase en aquel llano y creciese en medio de aquel cerro en donde estaban, porque les quería dar una idea de la tierra que les tenía prometida. Hecha la presa, se derramó el agua y se extendió por todo aquel llano, haciéndose una gran laguna, la cual cercaron de sauces, sabinas y álamos. Pusiéronla llena de juncia y espadañas, y se empezó a llenar de peces de todo género, y empezaron a venir toda clase de aves marinas, y todo se empezó a llenar de los animales y plantas que hay hoy en día en Tenochtitlan.

Fue tan agradable y deleitoso el paisaje que se creó al lado de los señores de Tollan, que los mexicas ya no pensaban en irse nunca más de ahí, sino quedarse y disfrutar de esa tierra como si hubiera sido la prometida, porque era idéntica a aquella.

Empezaron luego a bailar y a cantar para celebrar el deleite que sentían en aquel paisaje, y le compusieron muchas canciones a las lindezas del lugar.

Así lo escuchó Huitzilopochtli, y vio a muchos de la compañía de los mexicas, encabezados por los hutiznahua y una mujer deidad llamada Coyolxautli, que no querían seguir adelante en su migración, sino que querían quedarse para siempre en ese lugar del que estaban enamorados, y así le decían a su dios Huitzilopochtli:

—¡Aquí está tu morada, oh, Huitzilopochtli! Aquí es el lugar donde has sido enviado, aquí te conviene ensalzar tu nombre, aquí en el cerro de Coatepec, aquí te es concedido gozar del oro, la plata y todos los demás metales, así como de piedras preciosas y plumajes de las más bellas y ricas aves, del rico cacao y de todo lo demás que en esta tierra vaya creciendo y criándose. También desde aquí has de ganar lo que resta de las cuatro partes del mundo, y lo ganarás con la fuerza de tu pecho, de tu cabeza y de tus brazos; aquí es el lugar donde has de alcanzar la gloria y el ensalzamiento de tu nombre, ésta, oh Señor, es la cabeza de tu reino. Manda a tus padres y ayos a que diciernan sobre esto, para que se concluya aquí el andar, para dejar de buscar el descanso deseado, porque aquí lo tenemos; para que descansen ya los mexicas y pongan fin a sus penas y trabajos.

Airado, el dios Huitzilopochtli respondió a sus sacerdotes diciéndoles:

—¿Quiénes son éstos que de esta manera quieren saltarse mis determinaciones y poner objeción y término a ellas? ¿Son ellos por ventura más elevados que yo? Decidles que yo tomaré venganza sobre ellos antes de mañana, para que no se atrevan a dar parecer en lo que yo he determinado, y para que no atrevan a decir para lo que yo he sido enviado, y para que así sepan todos que sólo a mí me han de obedecer.

Y mientras decía, cuentan los que lo vieron, que el dios se puso de rostro tan fiero y tan feo, que todos sintieron un gran espanto y terror.

Cuentan que a media noche, estando todos en sosiego, oyeron en el lugar llamado Teotlachco, y por otros conocido como Tzompanco, que era un lugar sagrado dedicado a este dios, un terrible y tremendo ruido. Y así, venida la mañana, encontraron muertos a los instigadores de aquella ilusa rebelión, juntamente con la mujer deidad llamada Coyolxautli, todos muertos y con los pechos abiertos y los corazones sacados.

Visto por el resto de los mexicas el tremendo castigo que su dios había dado a los desobedientes, y asombrados por el espantoso ruido con que había sido llevada a cabo la ejecución, y visto a su dios tan fiero e iracundo, sintieron un grandísimo temor y espanto.

Pero el dios aún no estaba contento, así que mandó a sus sacerdotes y ayos a destruir la presa, y sacar las empalizadas, para que el agua siguiera su antiguo curso.

Y así fueron e hicieron, sin que los mexicas se atrevieran a decir ni hacer nada, y el torrente de agua volvió a su cauce, y las empalizadas y los reparos se rompieron, y el agua que daba refresco a aquel paraje se fue descendiendo.

Reseca la laguna, se empezaron a secar también los carrizales y los espadaños, y empezaron a desaparecer los árboles y la frescura, y a morirse los peces y las ranas, y los demás seres que el agua cría, y de todas las cosas que aquella gente había estado aprovechando para su mantenimiento.

Y se empezaron a ir las hermosas aves marinas, y los demás animales, y todo volvió a quedar tan seco y sombrío como estaba antes. De esta manera, y aunque en Tollan había tantas riquezas y cosas preciosas, los mexicas tuvieron que volver a pensar en la próxima partida, porque aquella no era su tierra, y su dios así lo mandaba.

• Por qué los otros pueblos persiguieron a los mexicas

Cuentan que saben los que dicen, que la hermana de Hutizilopochtli, una mujer deidad llamada Malinalxoch, era una gran nahuala, una muy gran hechicera y bruja, a la que los mexicas volvieron la espalda por consejo de su dios. Y ésta, enojada con los mexicas y con su hermano, se dispuso a parir un hijo, al que llamaría Copil, para enseñarle las artes de la hechicería y todas sus malas mañas.

Y así lo fue preparando, y cuando tuvo edad suficiente le contó lo que su hermano, el dios Hutizilopochtli, le había hecho separándola de su compañía, y dejándola de lado, y dándole el despprestigio entre los mexicas.

Y el hijo, conmovido y muy enojado por las lágrimas de su madre, le prometió ir a buscar a los culpables de su dolor, y acabar con su hermano y con los que le seguían.

Para esto los mexicas ya estaban por llegar a Chapultepec, y así lo supo la nahuala por andar investigando sobre su lugar y procedencia, y se lo contó a Copil, para que éste empezara a discurrir lo que había de hacer, y Copil empezó a ir de pueblo en pueblo, hablando cosas malas de los mexicas y de su dios, para que a todos se les moviera y encendiera el corazón en contra de los mexicas. Y así los incitó a matarles y a destruirles, diciendo que los mexicas eran hombres perniciosos, salvajes y belicosos tiranos; malvados y de perversas costumbres, certificando conocerlos y asegurando que eran tan malos como él los describía.

Las gentes de los otros pueblos, todas las naciones vecinas, estaban asombrados por las nuevas tan enormes y espantosas, y temerosas del daño que los mexicas pudieran hacer, se negaron a admitir a semejante gente en sus territorios y decidieron matarlos. Y así se unieron todas las ciudades comarcanas de Azcapotzalco y de Tacuba, de Coyoacán y Xochimilco, de Culhuacán y Chalco, para que todos, de mancomún acuerdo, los cercasen y matasen, hasta que no quedara ni uno solo. Y este propósito fue puesto luego en ejecución.

Viendo el malvado Copil que sus intrigas habían surtido efecto, y que su juego ya estaba entablado, se subió a la loma del cerrito que está al principio de la laguna llamada de Tepetzingo, de donde a pies del cerrito nace un manantial de agua caliente que hoy en día sirve para darse baños, bien conocido por todos, y desde esa loma se puso a esperar y a divisar lo que pasaría, aguardando y porfiando en el fin de los mexicas, prometiéndose el señorío de toda la tierra si se salía con la suya.

Pero se le volteó el chirrión por el palito, y todo le salió al revés, porque el dios su tío, Huitzilopochtli, conociendo su maldad, dio aviso a todos los mexicas a través de sus sacerdotes, y ordenó que antes de que las otras naciones fueran a atacar a los mexicas, éstos subieran hasta el cerrito de Tepetzingo a coger desprevenido a Copil, y mandó que en cuanto lo cogiesen le matasen y le sacaran el corazón, para ofrendárselo a él, su dios Hutizilopochtli. Para tal efecto, ordenó que llevaran consigo una imagen de él.

Y así hicieron los mexicas, y uno de los ayos, el llamado Cuauhtloquetzi, tomó la efigie de Huitzilopochtli sobre su espalda, y se fue con ellos al cerro, y encontraron a Copil muy descuidado, y ahí lo cogieron, mataron y sacaron el corazón para ofrendárselo al dios, su tío, el cual mandó que su ayo, metido en el tular, lo arrojara en medio de éste con la mayor fuerza que pudiese, y así fue hecho.

Y así fue a caer el corazón de Copil en medio del lugar que ahora todos llaman Tlacocomulco, del cual se dice y cuenta que fue de donde nació el nopal donde años más tarde se comenzaría la edificación de Tenochtitlan.

Y también cuentan que una vez que fue muerto Copil, nacieron las aguas calientes de ese cerrito, y que por eso le llaman al lugar Copilco, que quiere decir «agua de Copil».

Y Copil fue castigado, pero las otras naciones, que guardaron en su corazón las malas lenguas, terminaron rodeando a los mexicas para acabar con ellos, pero no los mataron a todos, sino que los empujaron hasta la tierra prometida por su dios, Hutzilipochtli.

• Los propios aztecas buscan sus orígenes

Cuando los mexicas se hicieron grandes en medio del lago y edificaron su Tenochtitlan, y los señores de Azcapotzalco los reconocieron como amigos y aliados, recuperaron su orgullo y volvieron a llamarse aztecas.

Y cuando dejaron de ser súbditos de los señores de

Azcapotzalco, para convertirse en señores de todos los pueblos que les rendían tributo, empezaron sentir nostalgia de su pasado.

Y así llegó el tiempo de Moctezuma el viejo, el primero, que viéndose tan gran señor y en tanta gloria y con tantas y tan grandes riquezas, determinó enviar a saber en que lugar o lugares habían habitado sus antepasados, y a saber qué formas tenían aquellas siete cuevas de las que hablaban los viejos que contaban las leyendas, y de las que decían tan particulares cosas.

Para esto mandó llamar a Tlacael y le dijo:

—He determinado juntar a mis hombres más valientes y mandarlos, bien aderezados, armados y vestidos, y con muchas y grandes riquezas, y enviarlos a nuestros antiguos lugares, para que allí hagan ofrenda de lo que nuestro dios y señor nos ha otorgado en estas tierras, rindiendo culto a nuestros antepasados.

Tlacael lo escuchaba en silencio, y Moctezuma I continuó diciéndole:

—Han de encontrar el más antiguo lugar del que vinimos, porque dicen los que saben que ahí quedó con vida la madre de nuestro dios, Huitzilopochtli, y puede ser que aún esté viva, y a ella deberán ofrendarle, para que goce y se solace, de lo que su hijo, nuestro dios, ha ganado con sus brazos, su pecho y su cabeza.

Tlacael, discreto, le aconsejó no mandar guerreros, sino grandes y buenos hechiceros, para que con sus hechicerías sean capaces de encontrar tan misterioso y alejado lugar.

Moctezuma I, viendo el buen consejo de Tlacael, mandó llamar al historiador real, un anciano llamado Cuauhcóatl, y éste vino a la presencia del rey, que le dijo:

—Padre anciano, mucho querría saber de la memoria que tienes en las historias que cuentas sobre el lugar de las siete cuevas donde habitaron nuestros antepasados, padres, abuelos y tatarabuelos, porque quiero que me digas qué lugar era aquel en el que habitó nuestro dios Huitzilopochtli, ese lugar de donde nuestro dios sacó a nuestros antepasados para traerlos hasta aquí.

A lo que Cuauhcóatl respondió:

—Poderoso señor, lo que yo, tu humilde e indigno siervo, sé de lo que me preguntas, es que nuestros padres antepasados moraron en aquel lugar llamado Aztlán, que significa Tierra de Blancura, y que en dicho lugar hay un gran lago en medio del cual se halla Colhuacán, un gran cerro que se llama así porque tiene la punta un poco torcida hacia abajo. En este cerro había siete cuevas donde habitaban nuestros padres antepasados, y lo hicieron durante muchos años. Ellos se llamaban mexitines y aztecas, y allí gozaban de muchos bienes y abundancias: patos, ocas y garzas de muchos géneros y hermosos plumajes, toda suerte de aves marinas y de gallinas de agua y de gallaretas. Gozaban del canto de las aves de cabezas amarillas y rojas, y también gozaron de las muchas especies de peces grandes y pequeños. Gozaron, así mismo, de la sombra de los más hermosos árboles, como los sauces, las sabinas y los alisos. Nuestros padres antepasados andaban en akaltontlis por todo el lago y sus canales, y en medio hacían grandes camellones de tierra para sembrar maíz, chile, frijol, jitomate, y todos los tipos de semillas que ahora comemos y conocemos porque ellos se las trajeron de allá para acá. Pero en cuanto salieron de sus hermosas tierras y cruzaron el gran lago, en el otro lado sólo encontraron cosas que se volvían contra ellos: las piedras picaban y las hierbas mordían, los campos estaban llenos de abrojos y espinos, y se toparon con grandes zarzales y juncales por los que no podían pasar, y en aquellos campos ni siquiera tenían donde sentarse ni donde descansar. Todo lo hallaron lleno de víboras, culebras y animales ponzoñosos, y de pumas y de ocelotes y de otros animales peligrosos y dañinos. Esto es lo que dejaron dicho nuestros antepasados y lo que tengo escrito en mis historias antiguas, y ésta es la relación que te hago de lo que me preguntas, poderoso rey.

—Es verdad —dijo el rey—, porque éstas son las mismas referencias que me ha hecho Tlacael.

Moctezuma entonces mandó que se buscara en todas sus provincias a los mejores y más grandes nahuales, los que mejor conocieran de hechicería, y así fue como le trajeron a sesenta hechiceros y a gente anciana y sabia que sabían del arte de la magia, a los que les dijo:

—Padres ancianos, he determinado saber de qué lugar salieron los primeros mexicas, qué tierra es aquélla y quién la habita, y también saber si la madre de nuestro dios, Huitzilopchtli está aún viva. Por lo tanto es hora de que se preparen de la mejor manera posible para ir en busca de ese lugar, y que lo hagan en el tiempo más corto posible.

Luego mandó sacar muchas mantas, plumajes y tesoros que tenía guardados, vestidos de mujer, alhajas y joyas, rosas negras de vainilla y todo tipo de piedras preciosas; mucho cacao, teonocaztli, algodón y muchas otras cosas preciosas, y lo entregó todo a los hechiceros, dándoles a ellos mantas, alimentos y una generosa paga para que hicieran lo que les tenía encomendado.

Los hechiceros partieron, y llegando a Coatepec se pusieron a hacer sus ritos y conjuros, para atraer a un gran demonio al que le suplicaron que les dijera dónde estaba y cómo llegar al lugar de donde habían salido los antepasados de los aztecas. El demonio apareció con gran resueno, y era fiero y terrible, pero los conjuros de los hechiceros eran tan poderosos y estaban tan bien hechos, que el demonio no pudo hacer otra cosa que obedecerles. Así que los transformó en toda clase de animales, y se llevó a los hechiceros y a su carga al lugar que habían solicitado, donde vivían sus antepasados.

Así llegaron a una laguna muy grande, en medio de la cual había un gran cerro llamado Colhuacán, y cuando el demonio los depositó en la orilla del gran lago, todos recuperaron su forma habitual.

Ahí vieron que había personas remando sobre las akaltontlis, o pescando, o sembrando o recolectando, y los llamaron para hablar con ellos. Y los de las akaltontlis, al ver que aquellos extranjeros hablaban su mismo idioma, se acercaron a ellos y les preguntaron:

—¿De dónde vienen, quiénes son y qué quieren?

—Señores —respondieron los hechiceros—, somos mexicas de las provincias de México y vecinos de Tenochtitlan, y fuimos enviados por nuestros señores a que buscáramos el lugar donde moraron nuestros antepasados en la antigüedad.

—¿Y a qué dios adoran?

—A Huitzilopochtli, y nuestros señores, el rey Moctezuma y su consejero Tlacael nos mandaron que viniéramos a ver si aún estaba viva la madre de nuestro dios Huitzilopochtli, la que se llama Coatlicue. También nos mandaron que averiguáramos si este lugar era Chicomoztoc, el lugar de las siete cuevas, donde cuentan nuestras leyendas que vivieron nuestros antepasados. Si es así, hemos traído presentes y regalos para Coatlicue, y si no está viva la entregaremos a sus ayos, hijos, parientes o entenados.

Oyendo esto, los mandaron a espera y fueron a avisar al ayo de la madre de Huitzilopochtli, y el ayo les respondió:

—Que vengan para acá, porque son bienvenidos.

Y volvieron con sus *akaltontlis* y en ellas subieron a los hechiceros y a su carga para pasarlos a la otra orilla, a las faldas del cerro de Colhuacán, del cual vieron que era de una arena muy fina de la mitad para arriba, por lo que era muy difícil de escalar.

Entraron en la casa del ayo que estaba al pie del cerro, lo saludaron con muchas reverencias y le dijeron:

—Venerable anciano y señor, hemos venido hasta esta tierra donde todos obedecen tus palabras y veneran tu aliento, y ahora somos tus siervos.

Él les respondió:

—Sean bienvenidos, hijos míos, ¿pero quién los envió para acá?

—Señor —respondieron—, nos envía Moctezuma nuestro rey y su consejero Tlacaelel, al que apodan Cihuacóatl.

Entonces preguntó el viejo:

—¿Y quién es Moctezuma y quién es Tlacaelel?, porque esos nombres no son de acá. De acá partieron los que se llamaban Tezacaetl, Acacitli, Ocelopan, Aatl, Xomimitl, Auexotl, Huitziton y Tenoch. Estos eran los siete varones que se fueron, los siete caudillos de los siete barrios. Y con éstos y su gente se fueron cuatro ayos de Huitzilopochtli, hombres sabios y maravillosos de los cuales dos se llamaban Cuauhtloquetzi y Axoloua.

Los hechiceros respondieron:

—Señor, te confesamos que nosotros no conocemos a esos señores, que no los hemos visto. Ya no hay memoria de los que mencionas, porque todos han muerto hace tiempo, pero sí hemos oído hablar de ellos alguna vez en nuestras leyendas.

El ayo, entristecido y algo espantado y admirado, dijo:

—¡Oh, señor de todo lo criado! ¿Qué pudo matarlos? Porque en este lugar estamos vivos todos los que ellos dejaron, ninguno de nosotros se ha muerto. ¿Quiénes son los que viven ahora?

—Sus nietos.

—¿Y quién es ahora el ayo de nuestro dios Huitzilopochtli? —preguntó el anciano— ¿A quién habla y a quién le hace sus revelaciones para que los demás hagan su voluntad? ¿Lo vieron ustedes antes de partir, les dijo algo para que me lo dijeran?

—Se llama Cuauhcotl —respondieron los hechiceros—, pero no, no hablamos con él ni nos dijo nada, porque quien nos ha enviado ha sido nuestro rey Moctezuma y su consejero Tlacaelel. El ayo de nuestro dios no nos dijo nada.

—¿Entonces —preguntó el anciano—, nuestro dios no dijo cuándo piensa volver?, porque cuando se fue, aquí dejo dicho a su madre que pronto volvería, y la pobre lo está esperando toda triste desde aquel día, tan triste y llorosa que no hay quien la consuele. ¿Quieren ustedes hablarle y ver de consolarla?

—Señor —dijeron los hechiceros—, nosotros hemos hecho lo que nos han mandado nuestros señores, y hemos traído regalos y presentes para la madre de nuestro dios, para que la saludáramos y le mostráramos los bienes y riquezas de que su hijo goza.

Entonces dijo el anciano:

—Bueno, pues entonces carguensé con sus sacos y síganme.

Los hechiceros cargaron con sus sacos y siguieron al anciano cero arriba, y él iba ligero, pero los hechiceros al llegar a donde comenzaba la arena, se empezaron a rezagar con gran pesadumbre y trabajo. Entonces el anciano volvió la cabeza y les dijo:

—¿Qué les pasa? ¿Por qué no suben? dénse prisa.

Pero los hechiceros, mientras más querían seguirlo y subir, más se hundían en la arena y no avanzaban. Tanto se hundieron en la arena, hasta la cintura, que empezaron a gritarle al viejo:

—¡Espera, que nos hundimos!

Entonces el viejo volvió a voltear la cabeza y les dijo:

—¿Qué les pasa, mexicas? ¿Qué es lo que los ha hecho tan pesados? ¿Qué comen ustedes allá en su tierra?

—Comemos maíz y bebemos cacao, y así de todo lo que se cría por allá.

—Pues por culpa de lo que comen y de lo que beben están ustedes tan pesados, y por eso no pueden llegar al lugar de sus antepasados, y eso mismo es lo que les acarrea la muerte. Y todos esos sacos de riqueza que traen también pesan mucho, y nosotros no usamos esas cosas por acá, porque nuestra vida es humilde y sencilla. Denme esos sacos para acá y ustedes quédense allí, que yo los subiré y le diré a la madre de Huitzilopochtli, la dueña de estas moradas, que salga para que ustedes la vean.

Y el anciano tomo todos los presentes y los subió arriba del cerro con gran ligereza, como si fueran de paja, y una vez que hubo acabado de subir, salió una mujer de muchísima edad que mostraba un aspecto terrible, porque era la mujer más sucia y más fea que nadie se podría imaginar.

Traía la cara tan negra y tan sucia, que parecía haber salido del infierno. La anciana lloraba amargamente y les dijo a los hechiceros:

—Bienvenidos, hijos míos. Sepan ustedes que después de que se fuera de este lugar nuestro dios y mi hijo, Huitzilopochtli, estoy llorando llena de tristeza esperando que regrese. Desde aquel día no me he lavado la cara ni me he peinado la cabeza, ni me he mudado las ropas. Este luto y tristeza durará hasta que él vuelva. ¿Es verdad hijos míos que a ustedes los envían los señores de los siete barrios que se fueron un día con mi hijo?

Los hechiceros alzaron los ojos, y viendo a esa gran mujer tan abominable y fea, se humillaron y llenos de respeto y temor le dijeron:

—Grande y poderosa señora, a los señores de los siete barrios ni los hemos visto ni los conocemos ni nos hablaron; el que nos envía acá es nuestro rey y tu siervo, nuestro señor Moctezuma y su consejero Tlacaelel, apodado Cihuacóatl, para que te viniéramos a ver y buscáramos el lugar donde habitaron nuestros padres antepasados, y nos mandaron a besarte las manos de su parte, para que sepas cómo vive y reina en Tenochtitlan a todos los mexicas y otros pueblos. Y, para que veas cómo nos va, te envía estas cosas y presentes, que no son otra cosa que los bienes y las riquezas de tu hijo, Huitzilopochtli, lo que él ha conquistado con su brazo, su pecho y su cabeza. Esto nos concedió el señor de lo creado, de la noche y del día, y con esto damos fin a nuestras razones.

Ya algo aplacada de sus llantos y tristezas, Coatlicue les dijo:

—Sea en hora buena, hijos míos, que yo lo agradezco a todos mis hijos... Pero díganme, el traje de mi hijo, nuestro dios, ¿es de la manera que muestran estas mantas y estas plumas tan ricas?

—Sí, señora —respondieron los hechiceros—, así son de ricas y hermosas sus ropas, porque él señorea y es dueño de todas ellas.

—Bien —dijo Coatlicue—, mi corazón queda tranquilo..., pero díganle por favor que tenga lástima del gran trabajo y pesadumbre que estoy pasando sin él. Mírenme nomás cómo estoy, en ayuno y penitencia por su causa. Él tiene que acordarse de lo que me dijo cuando se fue: «Madre mía, no dilataré mucho en regresar, no más deja que lleve a estos siete barrios y los aposente en la tierra que les tengo prometida. En cuanto la hayan poblado y asentado, y yo los haya consolado con mis bienes, volveré. Y esto se hará una vez que yo haya hecho la guerra a todas las provincias, villas y ciudades, y las haya puesto a mi servicio, entonces estará marcado el tiempo de mi vuelta, porque de la misma manera que yo los ganaré, vendrán otras gentes que me lo quiten y me lo ganen, echándome de mis tierras y adueñándose de ellas. Entonces me vendré para acá y regresaré a este lugar, porque aquellos a los que yo sujetaré primero con mi rodela y mi espada, se han de volver contra mí y han de echarme cabeza abajo, y yo y mis armas nos iremos rodando por el suelo. Entonces, madre mía, habrá acabado mi tiempo y volveré vencido a tu regazo. Hasta entonces no hay que tener pena, de momento te suplico que me des dos pares de huaraches, unos para ir y otros para volver». Entonces yo le dije: «hijo mío, vete en buena hora, pero no te entretengas por ahí y mira de volver pronto, cuando se cumpla tu tiempo». Pero me parece hijos míos, que nuestro dios se debe encontrar muy a gusto por allá, porque ahí se quedó, y de su triste y pobre madre ni se acuerda, ni la busca ni le hace caso. Por eso les mando a ustedes que le digan de mi parte que ya está cumpliendo su tiempo, y de que ya es hora de que vuelva; y para que se acuerde que soy su madre y que quiero verle, llévenle esta manta y este calzón de *henequén* para que se lo ponga.

Los hechiceros tomaron la manta y el calzón y volvieron a bajar del cerro. Y ya estando en su falda, Coatlicue les llamó y les dijo:

—Espérense nomás ahí y vean de qué manera en esta tierra nadie envejece ni muere nunca. ¿Ven lo viejo que es mi ayo?, pues ahora que baje el cerro y llegue hasta donde están ustedes, ya verán lo joven que estará.

El anciano, muy viejo, empezó a bajar, y a medida que bajaba se iba volviendo joven y más joven, y cuando llegó a ellos sólo parecía tener veinte años.

—Me ven muy joven —les dijo—, pues aquí cualquiera que quiera tener más o menos edad, sólo tiene que bajar o subir hasta la altura del cerro que le convenga, y así andamos luego, con los años que queremos. Por eso vivimos aquí mucho tiempo y están vivos todos los que no se fueron con los padres antepasados de ustedes, sin haberse muerto ninguno, rejuveneciéndose cuando les conviene.

Así los despidieron, pero, para que no se fueran con las manos vacías, les dieron toda clase de aves, patos y peces que se criaban en aquel lago; y toda género de semillas y de legumbres; y todo género de flores, de plantas y de rosas; y también les dieron mantas y calzones de *henequén,* uno para el rey Moctezuma y otro para Tlacaelel, diciéndoles que los perdonasen por la humildad de los regalos, pero que no tenían otra cosa que darles, y así les dijeron adiós.

Los hechiceros tomaron los regalos, llamaron al demonio, se convirtieron en animales y así volvieron hasta Coatepec. Allí recuperaron su aspecto humano, liberaron de sus conjuros al demonio y volvieron a Tenochtitlan para informar a Moctezuma I de todo lo que habían visto y oído.

Y así se ordenó que se guardara esta leyenda para que los aztecas de tiempos venideros supieran cómo había sido su hogar original, cómo se llamaba y cómo se iba hasta ahí, y así se les contó a los nuevos sacerdotes de los extranjeros barbudos, para que también supieran el origen divino de los aztecas.

• **Parecidos y diferencias**

En páginas anteriores habíamos señalado la posible perversión de algunos códices, y habíamos dejado de mencionar el *Codex Boturini* y los trabajos de Juan de Torquemada (21 libros de los libros rituales y de la monarquía indiana), porque es precisamente en estos últimos trabajos en los que hay un tratamiento más amplio de las leyendas de la migración azteca, y, posiblemente, menos omisiones al estilo de vida de los aborígenes.

El estilo de vida de la altiplanicie mexicana era variopinto, pero es cierto que en las culturas más desarrolladas, como la olmeca, la tolteca y la azteca, había muchas similitudes ideológicas entre las cortes nativas y las cortes europeas.

Por ejemplo, tanto en las cortes europeas como en las prehispánicas estaba extendida la costumbre de contar con bufones, enanos y pajes.

También era similar el sentido restrictivo y represor de los sacerdotes y de las religiones en ambos lados del atlántico, aunque había una clara diferencia entre los monarcas con respecto a la religión, ya que mientras entre los monarcas prehispánicos era costumbre que el rey fuera sacerdote además de gobernante, en Europa la Iglesia influía mucho, pero los reyes no eran sacerdotes.

En Europa la Iglesia premiaba o castigaba a todo ser viviente, mientras que en la altiplanicie mexicana la religión era más restrictiva con los propios que con los extraños. Por ejemplo, tanto para los toltecas como para los olmecas, y por herencia para los aztecas, los excesos etílicos y sexuales eran un claro pecado, mientras que para los europeos el sexo también era pecado, pero los excesos etílicos no tanto. Eso sí, si la Iglesia señalaba a alguien reo de condenación, era perseguido en todas partes, mientras que los prehispánicos sólo señalaban como impío a los de su pueblo, y mientras más elevada era su jerarquía, la falta era peor; a los cohabitantes de otras tribus, sobre todo a los que tenían costumbres más licenciosas, ni siquiera les llamaban la atención, ya que el cumplimiento de las propias reglas sociales, morales y religiosas, eran más un honor de raza que una carga o una obligación.

La penitencia, el dolor y el sufrimiento eran más propios de los grandes señores que del pueblo en general, y los pecados eran más graves si los cometía alguien como Quetzalcóatl, por ejemplo, que si los cometía un vendedor del mercado. A los jerarcas prehispánicos, a diferencia de los europeos, ni siquiera se les hubiera ocurrido pedir una dispensa religiosa, pagar una bula o ganarse el cielo a base de sobornos y favoritismos. De esta manera, lo que se predicaba en Europa era realmente practicado entre los señores aztecas.

Valores como el honor, la palabra dada, la sinceridad y la obediencia a la propia conciencia y a los propios principios, era moneda corriente entre los monarcas y caciques aborígenes, mientras que para los europeos no eran más que sofismas con los que podían engañar mejor a sus adversarios. Y no es que entre los aztecas no existiera la picaresca, el engaño, la envidia, el rencor, los celos, la codicia, la ambición o cualquiera otra de las debilidades humanas, lo que sucedía, simplemente, es que eran más congruentes y consecuentes con sus propios actos, y, así, cuando engañaban lo hacían a conciencia, pero si se habían comprometido a algo, aunque se hubieran equivocado y no les conviniera, cumplían con lo prometido.

Moctezuma II prometió trato de favor y protección a Cortés y sus hombres, y aunque más tarde se dio cuenta de su error, ni él ni su pueblo alzaron un dedo en contra de los invasores. Los aztecas prefirieron matar a su rey que desobedecerlo, cosa que no hubiera hecho ni de broma ningún pueblo europeo.

Por su parte los pueblos prehispánico y español (principalmente), que siempre van a contracorriente de las imposiciones oficiales, coincidían en muchas de sus actitudes. La superstición, la adivinación, la brujería, la promiscuidad y hasta el gusto por la vagancia y por las fiestas, permitieron un rápido sincretismo, pero aún así habían diferencias básicas: los aztecas veneraban a los viejos, los españoles no tanto; entre los aztecas había licencias sexuales y etílicas tanto para los ancianos como para las ancianas, entre los españoles hubiera sido una aberración; entre los aztecas las mujeres jugaban un papel importante dentro de la sociedad, entre los españoles parecía que las mujeres no existieran.

En este punto llama la atención que los españoles hayan soslayado desde siempre que sus mujeres hubieran formado parte de la conquista y de la posterior colonización, como si las españolas hubieran sido ajenas a las relaciones sexuales, al mestizaje y hasta a la simple logística de cuidar a los enfermos, ocuparse de los niños o dedicarse a la cocina mientras las tropas españolas iban de avanzada. Ese pudor no existió nunca entre los aztecas, y si bien eran machistas como cualquier pueblo de la época, jamás omitieron la participación de sus mujeres en sus leyendas, ya fueran migratorias, cosmogónicas o guerreras. Las mujeres aztecas luchaban, amaban y parían, relacionándose tanto con los aborígenes como con los extranjeros, mientras que las españoles daban a luz a niños morenos y de pelos erizados por obra y gracia del Espíritu Santo.

Los sacrificios humanos fueron considerados como una aberración por los españoles, mientras que a los aztecas les parecía una salvajada la costumbre de atormentar a los enemigos y los prisioneros. En realidad, tanto unos como otros eran bastante crueles, sobre todo cuando concurrían los sacerdotes o los temas religiosos. Es más, para muchos otros grupos de la altiplanicie mexicana, tanto españoles como aztecas no podían ser seres humanos, ya que si bien unos sacaban el corazón de sus enemigos para alimentar a su dios, los otros decían beber la sangre y comer el cuerpo del suyo.

El entendimiento entre grandes señores fue imposible, pero el entendimiento entre los pueblos demostró que entre ambas culturas, a pesar de las desconfianzas iniciales y las rencillas posteriores, habían más puntos de encuentro que de desencuentro, algo muy distinto a lo que pasó entre los indios del norte de América y los conquistadores anglosajones.

Se puede decir que la última migración azteca (porque su mundo dio un giro de 180º y es como si se hubieran ido a vivir a otro lado), fue la aceptación y la simbiosis con el pueblo español recién llegado. Y si bien es cierto que por un lado se crearon estratos criollos, y que por el otro se refugiaron en sus sierras muchos grupos étnicos, la verdad es que la fuerza emergente más poderosa fue la del sincretismo y el mestizaje, donde curiosamente no han llegado a perderse nunca ninguna de las dos identidades, ni aún a pesar de haber dado lugar a una tercera, que margina a los aborígenes y detesta a los gachupines (españoles). Y así fue como el azteca de hoy, mitad español y mitad mexica, llegó a la tierra prometida: la Ciudad de México, que no se atreve a llamarse Nueva Tenochtitlan, a pesar de seguir rodeada, hoy como ayer, de Tlaxacla, Tlanepantla, Xochimilco, Coyoacán, Taxqueña, Tacuba, Tlatelolco, Culhuacán, Chalco, Toluca, Cholula, Tepoztlán, Tepozotlán y una lista interminable de poblados nahuas que quizás aún estén esperando, en silencio y taimadamente, el regreso de Quetzalcóatl.

En esta última migración, los aztecas se han quedado en el limbo, en medio de un traspaso del tiempo, con un amor chauvinista a su actual estado, pero sin una conciencia clara sobre sus orígenes, teniendo a mano una rica tradición cultural, pero sin darse cuenta real de lo que se tiene. ¿Cuándo volverá Quetzalcóatl? Dicen los que saben y cuentan que Quetzalcóatl volverá cuando el azteca vuelva a ser consciente de quién es y de dónde está.

CAPÍTULO VI
Creencias populares

> El México antiguo no temblaba ante Mictlanteculi, el dios de la muerte; temblaba ante esa incertidumbre que es la vida del hombre.
>
> PAUL WESTHEIM

Vivir un pueblo, un carácter, una idiosincrasia, no es lo mismo que leerla, porque incluso viviéndola y estando inmerso en ella, hay muchas, demasiadas cosa que se nos pasan por alto.

Entonces recurrimos a la documentación, al recuerdo, a la distancia, a las palabras de otro, escritas, porque la letra impresa es mágica y le da a las cosas una apariencia de realidad, de certeza.

Las palabras que otro escribe para tratar de explicarnos lo quc no podemos explicarnos a nosotros mismos; otra visión, otros ojos, otra percepción, otra idea. Un texto coherente que nos convenza de lo que no sabemos si estamos convencidos.

La visión del indio triste, cabizbajo, entregado a su destino, es la primera que me viene a la memoria, y, de pronto, tropiezo con un escrito recogido en el *Códice Florentino*, que refleja las palabras, los glifos, que representaban a un indio que le decía a su hija de siete años:

Aquí en la tierra
es un lugar de mucho llanto,
lugar donde es bien conocida
la amargura
y el abatimiento.

Un viento como de obsidiana
sopla y se desliza sobre nosotros.
No hay lugar de bienestar
en esta tierra,
no hay alegría, no hay felicidad.

Y entonces recuerdo la marginación y la automarginación que viven los verdaderos dueños de esta tierra llamada México, y creo ver en los rostros indígenas signos de derrota, de malfario, de abatimiento, como si el destino no hubiera tenido bastante con la conquista, con la imposición de la cruz, con el asesinato, con la traición, con la violación, con la pérdida del propio respeto.

La mirada esquiva que evita la otra mirada, el calzón de manta, las manos huidizas en el saludo, el sombrero de paja roto, los huaraches con una suela menos gruesa que la planta del pie, el no saber estar dentro de unas ropas de origen occidental, pero de colores chillones y rezurcidos más chillones aún. Las manos pequeñas y gruesas, las uñas anchas y fuertes, partidas o agrietadas, llenas de tierra, de esa santa tierra que no ha parado de dar riquezas y comida desde hace más de 3500 años, y que ha pasado por sus manos sin dejarle quedarse apenas con nada.

Entonces uno cree que es capaz de comprender la fatalidad de cantarle a la muerte y de llorarle a la vida, y los recuerdos se acrecientan con la imagen del indio hierático que toca el trombón en la banda del pueblo sin emoción alguna, lo mismo el *Corrido de Rosita Alvírez* que la *Marcha de Zacatecas*, porque parece que mientras toca las notas ajenas va pensando en que la vida duele, o no, porque quizás este pensamiento es demasiado pretencioso, y tal vez solamente va pensando que el trombón pesa y que tiene hambre, aunque esté acostumbrado a cargas más pesadas y hambres más endémicas, ya que al menos hoy, el día que está tocando el trombón, habrá una torta y un refresco de recompensa.

Meterse en la piel de los demás es prácticamente imposible, pero el relator tiene la obligación de intentarlo al menos, aunque se equivoque de pleno. Y uno imagina, porque lo ha visto varias veces, el *jacal* que sirve por casa, el *petate* que sirve por cama y, siempre presente, la estampita de la Virgen de Guadalupe, usurpadora de Tonatzin, como un latigazo de sincretismo innecesario, pero a la vez indispensable, paradójico, como el sentir de un indio que llega por primera vez a la Capital en busca de un suelo plano y un trabajo, espantado y contento a la vez, con más posibilidades de morir atropellado o desmembrado al bajar de un autobús, que de mejorar de vida en la urbe contaminada, porque el pobre *jacal*, si es que hay suerte, volverá a cobijarle en Ciudad Netzahualcoyotl, con el progreso de una televisión portátil, de una radio de contrabando, o de una botella de bebida refrescante que le destroza lo único sano que trajo a la Capital: sus dientes.

Entonces trato de imaginarlo hace unos 500 o 600 años, parado en el mismo lugar, con una actitud diferente, ataviado de guerrero águila, o preparado para ir al juego de la pelota, o simplemente vendiendo en el *tianguis* de Tlatelolco sus artesanías, sus amates, sus juguetes, y redescubro que no hace falta ir al pasado para verlo así, porque basta que recuerde las fiestas de la catedral, el mercado de San Juan, o cualquier otra escena de la vida cotidiana de México, y entonces me doy cuenta de lo que he sabido siempre: que el indio no es así, aunque sí lo sea desde ciertos puntos de vista o en ciertos momentos. Me doy cuenta de que he vivido y convivido con la otra parte, esa que no sale en los escritos, o que, cuando sale, no se le hace demasiado caso por no tener una base documental para revestirla de verdad, pero que existe y es.

Porque, en resumidas cuentas, hay una faceta popular que vive una vida paralela a lo creído, a lo concebido, a lo estudiado, a lo documentado, en fin, a todo aquello que aparentemente es más serio, pero que se aleja en el tiempo y el espacio de lo que se vive y cuenta diariamente. Porque una cosa es lo que la historia y los códices dicen de la historia, y otra muy distinta lo que se cuenta entre la gente. Por tanto, permitidme seguir con la tradición oral (no hagáis caso al verla en letra escrita), y dejad que os cuente las leyendas que vengo escuchando desde mi infancia sobre los aztecas, porque, aunque no se ajusten a la verdad y puedan ser sujetas a polémica, o a clara crítica, son las que corren de boca en boca, las que tienen verdadero sabor a leyenda, sean o no sean ciertas.

• Quetzalcóatl, el esperado

La historia será una cosa, pero los que cuentan las leyendas nos dicen que todas las épocas mesiánicas se parecen, no importa el tiempo en que se desarrollen, porque cuando los hombres creen en las señales del cielo y el poder de las profecías, se entregan al destino ciegamente.

Tenochtitlan vivía, a principios del siglo XVI, una etapa claramente mesiánica, el Quinto Sol estaba por concluir, y la promesa de los dioses era que los hombres morirían arrasados por los movimientos de tierra y el hambre.

México siempre ha tenido una constante y patente actividad sísmica, los terremotos, grandes o pequeños, forman parte de la vida de los mexicanos. Y no es que estén acostumbrados, porque nadie se acostumbra al terror, pero sí saben que no es nada extraño que de vez en cuando, cada tres o cada cuatro años, los temblores de tierra despierten el pánico en la población.

Los vaticinios, por tanto, no andaban tan desencaminados. Además, los cielos parecían estar más cerca que nunca, los cometas pasaban constantemente y las estrellas fugaces se precipitaban demasiado a menudo.

Moctezuma, señor de cientos de pueblos y de millones de vidas, recibe las noticias de la llegada de los españoles a las costas de los antiguos olmecas. Los estafetas recorrían el imperio para llevar las nuevas a palacio, en un bien organizado servicio de correos, con puestos de observación colocados a lo largo de todo el territorio, donde comerciantes y artesanos sirven a su señor Moctezuma como informadores de excepción.

Sí, sin duda, las profecías se estaban cumpliendo matemática y certeramente. Todo aquello había sido anunciado por Ce-Acatl Topitlzin Quetzalcóatl, y, por si fuera poco, el año 1-Caña (ce-acatl), señalado como el año del retorno del dios, estaba por cumplirse también, ni más ni menos que en el 1519, año en que Cortés se encaminó sobre Tenochtitlan.

¿Cómo podían fallar las profecías si todo se estaba cumpliendo? Dos mundos estaban por chocar, uno con ambiciones mágicas de predestinamiento, y otro con ambiciones de oro y conquista.

Moctezuma era algo más que un rey, porque su pueblo lo amaba, obedecía y respetaba como si fuera el mismo Tláloc en persona, aunque en los años precedentes al 1519 les puso muy difícil el seguir amándole y respetándole, porque Moctezuma se entregó a su destino antes de tiempo, y en lugar de esperar la fecha señalada poniendo por delante el orgullo de un rey poderoso y guerrero, se sentó a esperar a que ocurriera lo inevitable, más humildemente de lo que un hijo puede esperar a su padre.

¿Dónde estaba el respeto a Tláloc, dónde la adhesión a Huitzilopochtli? ¿Por qué esa entrega a un dios como Quetzalcóatl, que ni siquiera exigía sacrificios verdaderos?

El pueblo recibió con sorpresa una de las últimas órdenes de Moctezuma, quien, con la máscara divina puesta y desde lo alto del templo, le dijo:

—¡Hijos míos! ¡Relajaos los próximos años, hasta que llegue el 1-Caña, porque estamos viviendo el final de los tiempos! ¡Quetzalcóatl está por venir, y a él le entregaremos nuestra vida y nuestro destino, y, si nos quiere destruir, nos destruirá, o tal vez, si así lo desea, dará paso a un nuevo Sol y a un nuevo mundo, en el que jamás pasaremos hambre, dolores ni miseria!

El pueblo obedeció como pudo a su monarca, pero no pudo hacerlo a conciencia, ya que por mucho que quisieran relajarse, había que comer, vivir y seguir trabajando. La rueda de la organización azteca era demasiado pesada para pararla de golpe, y aunque hasta los soldados recibieron la orden de bajar las armas, aún había un orden que imponer y unas escaramuzas que aplacar.

Moctezuma, que además de supersticioso era sabio, comprendió la inercia a la que se veía sometido su imperio, una inercia que no se podía detener de golpe, y entonces, al menos para cumplir él mismo con su destino, empezó a delegar poderes en el consejo, y él se encerró en su templo a esperar la llegada del deseado día, manteniendo la máscara del mando supremo en sus manos.

Los consejeros y los sacerdotes empezaron a medrar en beneficio propio, y pronto los cacicazgos se vieron aumentados, sin que Moctezuma, sabedor del peligro que los cacicazgos representaban para su poder absoluto, no hizo nada.

La suerte estaba echada, y ni siquiera las reuniones de Xochicalco y de Cholula, donde se juntaron a deliberar con Moctezuma otros grandes monarcas del continente, sirvieron para hacerle cambiar de opinión.

—Sabe, oh señor, que aquellos a los que esperas para entregarles tu reino, no son quienes crees que son —dijo el monarca Inca—, aunque sí sea verdad que se avecina el final de los tiempos. Yo, antes que entregar mi reino a los extraños, lo dejaré en manos de un bastardo, para que aquellos que lo conquisten lo hagan sin honor.

—Nosotros —intervino el monarca Maya—, conocemos bien a esos, tus dioses, porque hace más de veinte años que empezaron a llegar a nuestras costas, y te puedo asegurar, con el respeto que me mereces, que se trata simplemente de hombres, predestinados, sí, pero sólo hombres. Ya sabes que tanto mis sacerdotes, como mis allegados y hasta como buena parte de mi pueblo, hemos abandonado los santuarios y las ciudades, porque no queremos formar parte de esta nueva destrucción.

—¡Ven con nosotros, amigo y señor! —dijo emocionado el monarca de los muiscas— ¡Que ningún otro monarca de tu alcurnia se quedará a esperar a los invasores! ¡Qué sean los caciques de baja ralea los que traten con esos ignorantes, no nosotros, señor!

—Todo está listo y preparado para ir a nuestro propio nuevo mundo —dijo el señor de los quechuas—, todo está listo para la evacuación, vamos en busca de los verdaderos dioses, señor, por favor, ven con nosotros.

De nada sirvieron las dos reuniones, y de nada sirvió que los grandes brujos de las otras tribus intentaran explicarle al monarca mago, Moctezuma, que estaba equivocado, que sus vaticinios eran correctos, sólo que estaban mal interpretados.

Los otros monarcas partieron hacia un nuevo mundo desconocido, unos se llevaron riquezas, sacerdotes, familiares y hasta parte de su pueblo, otros sólo se llevaron riquezas, y otros se fueron con lo puesto, pero ninguno de ellos se quedó a esperar la llegada de los supuestos dioses.

Moctezuma sí se quedó, porque él se sentía predestinado, y aquél que llegara hasta la puerta de su templo, barbado de cara y con los cabellos del color de los pelos del maíz, tenía que ser Quetzalcóatl, el esperado, el dios que tomaría posesión de su reino y traería la abundancia y la felicidad a su pueblo. Sólo así, el mismo Moctezuma sería por fin lo que siempre había querido ser, un verdadero ser divino, porque al entrar en contacto directo con los dioses y tocar con sus manos las manos divinas, él mismo se convertiría en un dios, y podría bajar y subir a los cielos cuando quisiera, y el poder divino que recibiría a cambio del poder terreno, no tendría comparación.

¡Qué se fueran los otros monarcas, sus pares en la tierra! Porque así él sería el único, el elegido, el privilegiado. Nada importaba lo que pasara a partir de ese momento, porque el caminaba con paso seguro hasta su destino divino.

Los problemas y las dudas empezaron con la tardanza de Cortés, el supuesto Quetzalcóatl, que en lugar de dirigirse directamente al centro de Tenochtitlan, andaba perdido entre los jarales de los mixes y los tzentales, sufriendo por mal comer y por mal dormir, cuando en el palacio lo esperaban las más ricas viandas y las camas más deleitosas. Quizá hacía penitencia, se decía Moctezuma, quizá quiera llegar tan humildemente como se fue, pero, entonces, ¿por qué andaba haciendo pactos con caciques de baja ralea?

Los señores reales de los otros grandes pueblos habían partido ya, y Moctezuma se encontraba solo, sin apoyo de otros monarcas dioses, como él. Y, por si fuera poco, muchos de sus grandes hechiceros y sus grandes sacerdotes también le habían abandonado, porque él mismo les empujó a otros designios, como si tuviera celos de cualquier otro personaje preeminente en el próximo contacto con los dioses. Sólo le restaba esperar, y así lo hizo, aunque, al menos para verificar, mandó a un emisario hasta Cortés, un hombre disfrazado de sí mismo, para que pusiera a prueba al dios.

De esta manera salió del palacio hacia Tlaxcala un remedo de Moctezuma, acompañado de un séquito poco convincente para acompañar a un rey, y, por supuesto, Cortés adivinó que aquello era una burda prueba y la superó sin problemas. Estaba claro que Moctezuma quería convencerse a como diera lugar de que Cortés era Quetzalcóatl, quizá porque cada vez estaba menos convencido de ello.

Así que Moctezuma, desesperado por los temores propios y las tardanzas de Cortés, le envió regalos y emisarios que le dijeron:

—Ten estos presentes y vuélvete para el oriente, de donde has venido.

Fue entonces cuando Cortés decidió avanzar hacia Tenochtitlan, y así se lo mandó decir a Moctezuma, quien loco de contento empezó a preparar los pormenores de la recepción que merecía un dios. Pero la sombra de la duda no se disipaba del todo, las palabras de sus antiguos hechiceros, entre ellos su hermana, le hacían sentir punzadas de malos presentimientos en el corazón, y entonces quiso echar marcha atrás, pero no se atrevía a hacerlo de frente, como cualquier otra guerra, porque era tal su confusión interna, que no podía dejar de temer, amar, odiar y sentirse fascinado por lo que estaba a punto de vivir.

Para romper el último obstáculo que le ponía su propia conciencia, Moctezuma mandó a sus hechiceros, los mejores que le quedaban, a que detuvieran a las tropas de Cortés con artes de magia, y así lo intentaron, pero el encantamiento no dio resultado (al menos no de inmediato), y las tropas de Cortés siguieron adelante hasta llegar a las calzadas y puertas de Tenochtitlan, y, en medio de flores, cantos y regalos de enorme belleza, Moctezuma salió a recibirlo en persona, le entregó la máscara de poder y le dijo:

—Se bienvenido, hace tiempo que te esperábamos, pasa y descansa, que ésta es tu casa.

Y Cortés recibió los presentes, y pasó a los aposentos reales.

Moctezuma estaba petrificado, aquel rostro barbado y de piel clara era el mismo que los toltecas habían venerado en Tula. No había duda, ése era Quetzalcóatl..., aunque, las dudas volvieron a asaltarle, al tocar sus manos no había sentido nada especial, ni se había fundido ni se había convertido en un ser más divino de lo que lo era ya, sino todo lo contrario; más bien se sintió algo ridículo y rebajado ante su pueblo, que no parecía nada entusiasmado con la llegada de Quetzalcóatl.

El pueblo azteca por aquel entonces no estaba muy al tanto de la historia de Quetzalcóatl, algunos ni siquiera lo consideraban un dios verdaderamente importante, porque el dios que estaba de moda por aquel entonces, era Tláloc, el dios de la lluvia y la fertilidad al que casi todos le rezaban, pedían favores y hacían ofrendas.

Pero a ese tal Quetzalcóatl, que se había asustado con su propio rostro, que se había embriagado fuera de un día de fiesta y que había cometido incesto con su propia hermana, como contaban las leyendas, no era el dios más idóneo para la sociedad azteca de aquellas épocas.

El pueblo azteca estaba acostumbrado a que sus dioses fueran tan terribles como generosos, tan crueles como magnánimos y tan elevados como codiciosos. La abundancia o la desgracia prometían sus dioses, y no había término medio.

Tláloc, por ejemplo, era tan terrible y exigente, que hasta se le habían llegado a sacrificar niños. Los guerreros eran más devotos de Huitzilopochtli; los hechiceros y curanderos, preferían a Tezcatlipoca o a Chimalma. Las viejas y las madres eran devotas de Coatlicue, y las jóvenes, de Xochitpili o de la virgen diosa Tonatzin.

Los aztecas, además, eran politeístas y sincréticos, y no era nada raro que adoptaran dioses foráneos, o que se crea-

Tláloc, dios de la lluvia, en el Códice Ixtilxochitl
(siglo XVI)

ran sus propios y hogareños ídolos.

Para el azteca de a pie existían fantasmas, duendes, hadas, nahuales, nahualas, chamanes, demonios, diablos y toda clase de seres mágicos, humanos, semihumanos, divinos o semidivinos, y, más que rendirles culto, convivían con ellos. Miquixtli, la muerte, no era un ser extraño y lejano, sino un ente cotidiano, algo que estaba siempre presente.

Así las cosas, un dios más, sobre todo como Quetzalcóatl, poco dado a las fiestas, los sacrificios y los extremos de premio o castigo, y más apegado al trabajo, a la penitencia y, en cierta forma, a la mala suerte (no en vano había anunciado la desaparición del mundo por medio de los temblores y el hambre), no gozaba de muchas simpatías.

Quetzalcóatl era más un dios para los estudiosos y para los intelectuales, más seguido en Cholula o en Xochicalco (las universidades más importantes de la altiplanicie), que en cualquier otra parte.

Lo peor de todo, era que Moctezuma acababa de entregarle la máscara del poder a un hombre feo, que no tenía la más mínima apariencia de ser un dios, sobre todo una vez que se hubo bajado de la bestia, convirtiéndolo de pronto en intocable, en jerarca, sin más mérito que haber llegado, otra fatalidad en el mundo azteca, porque ya lo decían los viejos: «Más vale llegar a tiempo que ser convidado».

En cuanto Moctezuma entró en contacto directo con Cortés, el México antiguo empezó a desaparecer, a desvanecerse. Desde ese momento, y hasta el mes de junio de 1521 (momento en que el monarca azteca fue liberado de sus errores de esta vida con las piedras con que lo ejecutó su propio pueblo), Moctezuma pasará largas horas hablando con Cortés, anonadado, incapaz de convencerse de que ha entregado su reino a un simple hombre.

Moctezuma intentó sacar algo divino de su visitante, pero Cortés, una y otra vez, se reafirmó como hombre ante el emperador azteca. Y no fue porque Cortés no haya sentido delirios de grandeza en algún momento, y tampoco es que Cortés no haya aprovechado al máximo la necia adoración a la que le sometía Moctezuma, lo que pasaba era que Cortés necesitaba ser hombre para cubrirse de gloria, aunque al final no se cubrió de mucha, y debía cuidar su imagen de cara a los suyos, porque soñaba con ser virrey de aquellas tierras, y a los representantes de la Iglesia no les habría gustado nada el que él se proclamara como dios, aunque sólo fuera para que Moctezuma le entregara todo lo que tenía.

Moctezuma debió descubrir, con gran dolor de su corazón, que lejos de haber recibido a un dios, tenía en su casa a un hombre simple, de no demasiadas luces, aunque sí con una gran voluntad. Moctezuma era un sabio, entendido en todas las ciencias y materias del imperio; Cortés sólo había logrado sacarse unos cuantos cursos de abogacía en Salamanca; Moctezuma lo tenía todo; Cortés no tenía dónde caerse muerto; Moctezuma era de noble origen; Cortés era hijo de unos comerciantes de pocas posibilidades económicas; Moctezuma era un guerrero de honor; Cortés era un soldado de fortuna, que ni siquiera estaba cumpliendo órdenes (por lo que fue enjuiciado uno años más tarde).

Las diferencias entre ambos eran abismales, pero, sin embargo, estaban compartiendo un mismo destino: la derrota, o más bien, la autoderrota.

Moctezuma se derrotó a sí mismo, sin honor y sin lucha, mientras que Cortés fue derrotado, también casi sin luchar, primero por los caciques cholulas y tlaxcaltecos, que medraron lo que quisieron mientras Cortés ocupó el palacio de Tenochtitlan sin poder hacer nada para pararles los pies, y después por la propia Corona Española, que lo despojó de su conquista y de su gloria, y que a cambio sólo le dio algo de tierras y dinero. Así, Tenochtitlan pasó de estar dominada por la monarquía absolutista de Moctezuma, a estar regida por la monarquía absolutista de Carlos V. Es posible que el hilo negro que le pusieron a Cortés los hechiceros aztecas al pasar por la calzada de Ixtapalapa, al final lo haya sometido a un oscuro encantamiento.

A Moctezuma le fue peor, y, lejos de alcanzar la divinidad esperada, y nada cercano a entrar en contacto con Quetzalcóatl, el esperado, cayó en la indignidad ante su propio pueblo, y en la ignominia que le reclamaba su propia conciencia: se había rendido ante un hombre, un simple mortal, sin la menor elevación, sin el menor rango..., pero el mal ya estaba hecho y la palabra ya estaba dada y la máscara de poder ya había sido entregada. Lo único que podía hacer era intentar que esa cesión llegara, por lo menos, a manos del verdadero monarca, a ese tal Carlos V, quien, por lo menos, estaba a su misma altura.

Y así fue como Moctezuma cumplió con su destino, quemándose las alas al intentar subir al Quinto Sol.

• Los nahuales y los *tecolotes* negros

Dicen que cuando el *tecolote* canta, el mexica muere, porque el búho, o *tecolote,* es un ave relacionada con ciertos hechiceros que tienen la capacidad de convertirse en esas aves nocturnas. Puro *tecolote.*

Generalmente, tanto los hechiceros como las hechiceras que podían convertirse en *tecolotes,* eran malos y practicaban la magia negra, y sólo estaban contentos si podían hacer el mal a los demás, o si podían aprovecharse o burlarse de alguien. Además, dicen, eran unos tiranos, porque jugaban con la gente sabedores de que tenían mucho poder y que casi nadie podía hacerles frente. Tan arraigado estaba este pensamiento en los aztecas, que el mexicano de hoy en día aún le llama «tecolotes» a los policías, como si el *tecolote* fuera el brazo armado, y el más cercano, del mal.

Pero eso no le impedía a los aztecas acudir a los hechiceros *tecolotes* para salvarse de un problema, para burlar un castigo o, lo más común, para conseguir fortuna o riquezas a costa de sus vecinos, porque entendían que la destrucción de un competidor, era su propia gloria.

Hierbas como el *toloache,* un potente tóxico hipnótico, eran utilizadas para conseguir los fines deseados (generalmente de amor, sexo o dominio sobre otra persona), siempre y cuando la víctima llegara a tomarlas de la mano de su victimario. Por eso, entre los aztecas, estaba muy extendida la costumbre de no aceptar como regalo cualquier tipo de comida o de bebida. Andas tan atontado, que parece que te hayan dado *toloache,* le dicen aún los despistados o a los enamorados.

Otros bebedizos que preparaban los hechiceros *tecolotes,* no eran más que simples fermentos, es decir, bebidas con poder embriagador, que a veces usaban para curar ciertas enfermedades, porque los hechiceros *tecolotes* también eran reputados curanderos, y otras veces para «minar la voluntad» del o de la embrujada, cuando en realidad lo que se lograba era deshinibir, por medio del alcohol, al hechizado o hechizada.

Estos bebedizos fermentados, eran muy utilizados para

conseguir el amor de hombres y mujeres, es decir, que se usaban como filtros de amor. El *pulque* (bebida sacra con deidades custodias y toda la parafernalia ritual) también era considerado un bebedizo mágico, como una medicina, y hasta como un alimento restaurador, todo dependía de la forma de administrarlo. Así, de la misma forma que estaba prohibido beber fuera de los días de fiesta, un curandero podía administrar un poco de *pulque* como medicina al «enfermo» que lo solicitara. También se le daba a los niños, ya fuera para tranquilizarlos de los cólicos, para que recuperaran el sueño o para que se les abriera el apetito. En estos casos, los hechiceros tecolotes eran considerados como brujos más o menos buenos. «Todo es según la conveniencia, porque lo malo se vuelve bueno, y lo bueno se vuelve malo según cómo nos afecta» cantaban los poetas callejeros.

Por su parte, tanto *nahuales* como *nahualas* generalmente eran considerados hechiceros buenos, que se dedicaban a hacer más el bien que el mal, y que conseguían la buena suerte, la salud o el amor por medio de buenas artes.

Los *nahuales* también podían ser ayos o consejeros de caciques, monarcas y hasta dioses, ya que sus conocimientos sobre la magia y los otros mundos eran muy elevados. «El *nahual* no sólo vuela, sino que te puede hacer volar», decían los aztecas.

También usaban hierbas medicinales y bebedizos, pero estaban más especializados en las sustancias psicotrópicas, como el peyote o los hongos alucinógenos. Por supuesto, los *nahuales* eran los amos de los viajes, y eran capaces de abrir las otras puertas del mundo y, en casos excepcionales, de llevar a la gente a ver los cielos o el inframundo, de entrar en contacto con los dioses o de ir a ver lo que había pasado a lo lejos, ya fuera en la distancia o en el tiempo.

Los *nahuales*, además, eran buenos soñadores, y mejores interpretadores de sueños. La hermana de Moctezuma II, era una *nahuala* adelantada, buena bruja y mejor visionaria, pero su hermano no hizo caso de sus vaticinios, y así le fue.

De vez en cuando, los *nahuales* también eran malos, sobre todo los días de luna llena, porque entonces les entraba el hambre de comer niños y la sed de beber sangre, porque se convertían en coyotes bravos y temibles. Por eso también, de vez en cuando y si el cliente lo pedía, le hacían daño a un enemigo o a un competidor,

Los aztecas decían que sólo los *nahuales* tenían la capacidad de cambiar los designios de los dioses, y a menudo asistían a ellos tan sólo para que borraran un mal día de nacimiento.

Los *nahuales*, a diferencia de los *tecolotes* negros, cogían de vez en cuando a un discípulo, o a varios, y les enseñaban su arte y los iniciaban en los secretos de los alucinógenos y las ciencias de los otros mundos.

También eran buenos curanderos si se les requería, pero preferían que de la salud se encargaran otros, porque decían que a veces podían curar lo más difícil, pero otras veces se les moría la gente de cualquier tontería.

Los *tecolotes* negros no solían tener discípulos, más bien les venía de familia, y así el hijo de un *tecolote* negro terminaba también siendo *tecolote,* y así, generaciones tras generaciones.

Los *tecolotes* han quedado un tanto olvidados en el tiempo, mientras que la figura del *nahual* ha sido rescatada por escritores como Carlos Castaneda (*Las enseñanzas de don Juan*), quien a pesar de darse el lujo de mezclar las culturas étnicas del México actual, y de hacer un producto para el consumo de norteamericanos, europeos y latinoamericanos sin raíces, señala atinadamente el carácter hierático de los brujos y santones indígenas, que son como los conejos: misteriosos... innecesariamente, ya que de la misma manera que te enseñan una gran verdad, se guardan ladinamente el «secreto» de cómo hacer la salsa verde, obligando al pupilo o al cliente a una hermenéutica infantil y caprichosa, donde el valor de lo enseñado depende sólo del capricho del *nahual*.

• Médicos y chamanes

Aunque no eran específicamente hechiceros, la gente les reconocía ciertos poderes mágicos y brujeriles. Ambos usaban hierbas medicinales, piedras, invocaciones y toda suerte de bebedizos para curar a los enfermos, incluso se cuenta que llegaban a usar el pedernal para hacer ciertas operaciones dentro del cuerpo, o para cortar ciertos males que no se podían sacar de otras maneras.

La diferencia entre ambos, básicamente, era que mientras los chamanes recorrían los pueblos sanando enfermos, los médicos permanecían en una ciudad o practicaban en una zona concreta.

Para ser médico o chamán se tenía que ir a la escuela, o incluso a la universidad, aunque muchos aprendían de sus familiares, o de un viejo chamán que ya estaba por dejar la profesión.

Cuando dejaron de pasar los chamanes por los pueblos, mucha gente olvidó el arte curativo de las hierbas, porque estaban mal acostumbrados a que el chamán les solucionara todo y les diera todas las indicaciones.

Tanto médicos como chamanes tenían su ciencia en la

cabeza, pero también se ayudaba de códices cuando la memoria les fallaba.

Ni los médicos ni los chamanes eran brujos, pero sí eran capaces de sacar las brujerías, el mal de ojo, los vahídos, la melancolía y los demonios del cuerpo. Así que cuando alguien se sentía mal embrujado, corría a ver al chamán o al médico antes que acudir al *nahual* o al *tecolote* negro, ya que éstos últimos podían ser buenos o malos, mientras que los médicos y los chamanes siempre eran buenos, y su magia y sabiduría siempre eran santas.

• Los dioses

Para los aztecas los dioses se daban a pares, porque no podían concebir a un dios célibe, y ahí donde había un dios, tenía que haber una diosa, o al menos una mujer deidad.

Los dioses eran de la misma sustancia que los humanos, es decir, de carne y hueso, aunque a veces se pasaran varios cientos de años sólo en huesos.

Incluso los dioses más elevados, los que habían dado lugar a los otros dioses, eran de «nuestra misma carne». Por supuesto, y fuera de los dioses más elevados, el resto de los dioses tenían un comportamiento humano: sentían odio, celos, rencor, amor, ambición y codicia. También podían cometer excesos, equivocarse o actuar injustamente de una manera deliberada.

A los dioses estaba reservado el arte del engaño y del embuste, arte que sólo podían emular algunos hechiceros, pero nunca con la maestría de los dioses. Quetzalcóatl, una divinidad considerada ponderada y buena, recurría frecuentemente al engaño para lograr sus fines (este es uno de los rasgos divinos que creyó ver Moctezuma en Cortés), sin importarle demasiado la suerte del engañado.

Los monarcas también recurrían al arte del engaño de vez en cuando, pero, indefectiblemente, siempre les salían mal los embustes.

Los dioses podían ser buenos o malos, déspotas o generosos, pero siempre imponían su voluntad y obligaban a los humanos a cumplir sus designios, sin importarles la suerte de sus seguidores. Con sus enemigos eran mucho más claros, porque sólo deseaban someterlos y destruirlos.

Pero no sólo de los dioses mayores se alimentaba la religiosidad de los aztecas, que siempre estaban dispuestos a adoptar a otro dios que fuera más efectivo, aunque no estuviera en el panteón oficial. Eso no impedía que los aztecas cumplieran con sus obligaciones religiosas, que asistieran a los diferentes templos, que pusieran ofrendas, o, en fin, que celebraran las múltiples fiestas del calendario azteca, porque, sacrificios aparte, durante las fiestas se podía beber de más y tomarse unas cuantas licencias con respecto a la moral, sin importar si se era hombre o mujer.

Gracias a que los dioses iban en parejas, en la sociedad azteca las mujeres no estaban tan relegadas como en otras culturas. No estaba mal visto que las mujeres cometieran los mismos excesos que los hombres en los días de fiesta, como tampoco estaba mal visto que las mujeres trabajaran y vivieran con los mismos derechos que los hombres. Sólo en los estratos políticos, militares, así como en lo más altos círculos sacerdotales, las mujeres quedaban relegadas, lo que no quiere decir que las mujeres no fueran a la guerra, no pelearan entre ellas o contra cualquiera otra persona, o que no participaran activamente en la vida política y religiosa. Ya desde entonces las familias mexicanas estaban basadas

Coatlicue, diosa madre, diosa de la tierra y de los partos
(Museo Nacional de Antropología de México)

en un matriarcado, como el que la misma diosa Coatlicue mantenía de cara a su hijo, el dios Hutzilopochtli.

Coatlicue, además de diosa madre, era diosa de la tierra y de los partos, y gracias a ella se decía que las mujeres que parían eran verdaderas mujeres guerrero, tan valientes como el más aguerrido guerrero ocelote o el más fiero guerrero águila.

Se puede decir que para los aztecas sus dioses eran prácticamente visibles, que casi se les podía tocar con la mano, porque los *tlatoani,* ya fueran grandes monarcas o simples caciques, tenían la particularidad de «convertirse» en dioses durante las ceremonias, entrando en una especie de trance que les permitía hacer suya la voz de los dioses.

Aunque no siempre era el monarca quien podía comunicarse con los dioses, sino que desde los ayos sacerdotales del dios, pasando por los hechiceros y llegando hasta al gente común y corriente, siempre había la posibilidad de una visión o de una revelación, ya que los dioses, al fin y al cabo divinos, podían aparecerse y relacionarse con quien les diera la gana.

Los dioses aztecas, como los de otras culturas, parecen haber vivido codo con codo por lo menos durante una temporada de la antigüedad, como si hombres y dioses hubieran compartido realmente un espacio y un destino.

Por supuesto, y de la misma manera que ha pasado con otras culturas, este contacto entre dioses y hombres se fue haciendo cada vez menos frecuente y más hermético, privativo de la clase sacerdotal, a medida que los aztecas fueron progresando y civilizándose.

• Volver a Mu, volver a Aztlán

Cuentan que unos 28 años antes de que el año 1-Caña predestinado estuviera por cumplirse, los nahuales y los visionarios empezaron a dar la voz de alerta:

—¡El fin de los tiempos está cerca, preparaos!

Las señales de los cielos eran inequívocas, los soles se sucedían, día tras días, entre nieblas liláceas y coloraciones rojizas que parecían pedir sangre y más sangre en la piedra de los sacrificios, como si su apetito, de pronto, se hubiera convertido en algo imposible de satisfacer. Miles de vírgenes, jugadores de pelota y fieros y nobles enemigos vencidos, no parecían ser suficientes para alimentar a Tláloc y Huitzilopochtli. Hasta la Coatlicue y la Coyotlxauxtli parecían reclamar sacrificios para ellas solas. Estaba claro, el tiempo se había cumplido y había llegado la hora de volver a Mu.

—¡Hay que volver a Mu!

Proclamaban los santones por las calles. En otra época estos mismos santones habrían sido llevados a la piedra del sacrificio por ir en contra de los sacerdotes oficiales, pero ahora se les dejaba gritar y decir, entre otras cosas, porque muchos de los sacerdotes de Ahuitzotl también estaban convencidos de que había llegado la hora de abandonar esas tierras y volver a Mu.

—Señor —le decían al monarca Ahuitzotl—, el tiempo ha llegado.

—¿Quién lo dice?

—Las señales del cielo, señor.

—Por mis venas corre sangre divina, y, como tal, sé que el cielo no lo dice todo.

—También se cuenta, señor…

—¿Se cuenta o se sabe?

—Se sabe y se cuenta, señor.

—¿Qué se cuenta y sabe?

—Que han llegado casas flotantes a las orillas de nuestro mundo, a través del gran lago de oriente.

—Los iluminados y los visionarios siempre han hablado de casas de madera o de juncos trenzados que han llegado por los grandes lagos de oriente y occidente.

—Lo sabemos, señor, pero esta vez es diferente.

—¿Por qué diferente?

—Porque los viajeros de casas flotantes, en la antigüedad, sólo estaban de paso, o perdidos, o buscando…, pero los que han flotado hasta nuestras tierras ahora, señor, éstos han venido a quedarse y a quitarnos de en medio.

—Quetzalcóatl también vino de oriente en una casa flotante con forma de dragón, y fue conocido como Kukulkán entre los olmecas, pero se fue. Y muchos haces (cada haz corresponde a 52 años) de años después volvió al reino de los toltecas, y gobernó en Tollan, pero Tezcatlipoca, el señor del espejo de humo negro, lo engañó, le hizo pecar, y también se fue. Prometió volver en un año 1-Caña, pero aún hace falta medio haz de años para que vuelva.

—Por eso mismo, señor, decimos que no puede ser él, que éste no es Quetzalcóatl…, los mayas ya han empezado la evacuación.

—¡Los mayas son un pueblo vencido hace tiempo!

—Sí, señor, pero continúan siendo un pueblo sabio, y ellos se van, señor.

—Sí, es posible que haya llegado la hora de marchar, pero yo no puedo hacerlo.

—¿Por qué, señor, si eres el monarca más poderoso del

mundo?

—Precisamente por eso…, tengo demasiadas responsabilidades y demasiada gente a mis espaldas como para emprender un viaje mágico a quién sabe dónde.

—A Mu, señor, a Aztlán, señor.

—¡Ésas son cosas de hechiceros!

—Ya sabéis que Moctezuma el Viejo, vuestro antepasado, envió una expedición, y que sus sacerdotes supieron dónde estaba Mu.

—¡Leyendas! Yo no conozco más tierra que la que he recorrido al mando de mis ejércitos, y sé que no se puede ir más allá de donde te llevan los pies.

—Pero, señor, los dioses…

—¡Yo soy uno de ellos, pero no he visto con mis ojos a ninguno más, ni he escuchado con mis oídos sus voces!

—Señor, que eso puede ser una blasfemia…

—Puede, pero a mí nadie me castigará. Ni vosotros, que acabasteis con el pobre Tizoc, ni los dioses, que viven en los sueños y en los pensamientos. Conmigo sólo acabará el tiempo, y moriré como muere cualquier otro hombre. Pero dejemos a un lado las leyendas y hablemos de los señores de las casas flotantes. ¿Son muchos?

—No, pero cada vez vienen más y se van instalando en las primeras islas del gran lago de oriente, esclavizando a los que se encuentran e imponiendo nueva lengua y nuevos dioses.

—¿Se les puede matar?

—Sí, señor, pero eso nos parecería una blasfemia peor, al menos hasta averiguar su origen, además…

—¿Qué?

—Tienen armas terribles, como las armas legendarias de

los dioses, que son capaces de hacer retumbar la tierra, de romper las piedras y de matar a los hombres, verdaderas lanzas de fuego.

—¿Y cuántos hombres pueden matar con cada lanza?

—Uno…

—Entonces no son tan poderosos, porque nuestras armas, aunque no hagan ruido ni lancen fuego, también matan de uno en uno a los enemigos, y, si somos superiores en número, nada nos impide reunir a los ejércitos y acabar con ellos.

—Pero pueden ser dioses, señor…

—Hombres o dioses, podemos acabar con ellos.

—Por lo menos espera a que se llegue el día de la profecía.

—Para ese día yo ya estaré muerto, o seré tan viejo que no podré tenerme en pie para atravesarles el pecho con mi lanza.

—Por eso mismo, oh gran señor, te aconsejamos que tomes en consideración la vuelta a Mu.

—El consejo quiere ir a Mu, ¿no es eso?

—Sí, gran señor.

—Y el monarca quiere ir a acabar con los invasores, ¿es así?

—Sí…, gran señor.

—Bien, pues propongo, apelando a la justicia, que nadie haga lo que desea, o bien, que a las dos partes se les dé gusto. Así, si yo no reúno a mis ejércitos para ir a matar a los extraños, el consejo no abandona Tenochtitlan en busca de Mu. Pero, si el consejo urde a mis espaldas la partida hacia la mítica Aztlán, en cuanto llegue a mis oídos la traición, armaré a mis ejércitos y cargaré contra los invasores y contra los desertores. ¿Queda claro?

—Sí, señor…

Los sacerdotes se retiraron con la cola entre las patas, sabían que como Ahuitzotl no había habido otro monarca en el imperio azteca, así que no se atrevieron a retarlo, pero sí dejaron que los santones, los brujos, los visionarios y los iluminados vociferaran en el mercado sus consignas, y hasta permitieron que algunos de ellos reunieran unos cuantos grupos de gente, para intentar la partida hacia Mu.

La idea no cundió mucho, pero de vez en cuando quedaban vacías unas cuantas casas, y dos o tres familias desaparecían. Pero no se notaba, porque en aquel momento la capital del reino era un hervidero de gente, y tan pronto se desalojaba un *jacal,* inmediatamente era ocupado por una nueva familia.

—¿Dónde están los Juchis? —preguntaba un vecino a otro.

—Se han ido.

—¿A dónde?

—A Mu.

Y luego otro vecino preguntaba:

—¿Y dónde están los Tepoz?

—También se fueron hace un año.

—¿A dónde?

—A Aztlán.

Mientras tanto, Ahuitzotl fortificó sus fronteras y preparó a sus colonias, para que, llegado el caso, resistieran y vencieran al invasor, y mientras él reinó, pudo mantenerlos a raya, sin que se atrevieran a pisar sus tierras.

Entonces, por allá del año 1502, Ahuitzotl menguó y el consejo se reunió para elegir al nuevo monarca.

—¿A quién pondrán? —le preguntaba un cacique a otro.

—Seguramente a Moctezuma el Joven.

—Mala elección.

—¿Por qué?

—Porque los Moctezuma son unos soñadores.

—¿Y qué haremos nosotros con un rey soñador?

—Pues lo que hemos estado haciendo hasta ahora: aguantar hasta el final de los tiempos, o desaparecer en busca de Aztlán.

—¿Y cómo se puede ir para allá?

—No lo sé, pero cuentan que hay que subir a un cerro que esté lejos de aquí y que sea bien alto.

—¿Para qué?

—Pues para que ahí te pongas a llamar a gritos a un dios o a un demonio.

—¿Y los dioses o los demonios vienen?

—Dicen que sí, que al final siempre terminan viniendo.

—¿Y después?

—Pues después el dios o el demonio te viste como de animal, o te pone ropas raras, te saca los alimentos pesados que lleves dentro, y te sube en una *akaltontli* emplumada, despierto o dormido, y te lleva en un momento a las orillas del lago donde está Aztlán, sin que tengas que correr, caminar ni fatigarte. Y que una vez llegado allá, te quitan las ropas raras, te dan de comer y te reciben, y, como allá nunca falta de nada, no les importa que llegue mucha gente.

—¿Y cómo es Aztlán?

—Dicen que muy parecida a Tenochtitlan, porque también es grande, con muchas casas de piedra, puentes y canales por todas partes, gente trabajando por todos lados, y sus templos y pirámides en el centro.

—¿También se juega a la pelota?

—Sí, y a muchas otras cosas.

—¿Y qué lengua hablan?

—Dicen que la nuestra.

—¿Y hacen muchas fiestas y ceremonias?

—Algunas, no tantas como aquí, y dicen que en las ceremonias no hay sacrificios, ni dolor, ni llanto, y que la vida se vive larga y feliz, no como aquí, que la vida se te va entre penalidades, enfermedades y trabajo, en un momento. Allá puedes vivir muchos años sin que te falte de nada.

—¿Y a los que somos caciques nos tratan según nuestro rango?

—No, pero dicen que no hace falta, porque allá todo es de todos, y todos tienen, más o menos, el mismo rango.

—Pero alguien manda, ¿o no?

—Sí, alguien manda, pero no sé quién.

—Entonces que se queden con su Aztlán, que a mí no me interesa ir.

—¿Por qué?

—Porque aquí me mandan, pero yo también mando, y allá me mandarán, pero yo no mandaré a nadie.

—Puede que tengas razón…, además, dicen que por allá tampoco hay guerras, ni riquezas. Y si no luchas con el de al lado para agrandar tus terrenos, pues nunca progresarás. Me parece que yo tampoco iré a Aztlán.

—Eso, ¡qué se vayan para allá los que no tienen nada, los que son pobres!, pero que nos dejen aquí sus bienes, por pocos que sean.

—Me parece que tampoco eso es bueno.

—¿Por qué no?

—Porque si se van los pobres, ¿entonces a quién vamos a mandar nosotros?

—¡Pues es verdad! No debemos dejar que la gente se siga marchando para Aztlán.

Pero los caciques no tuvieron que preocuparse de la migración a Mu por mucho tiempo, porque el nuevo monarca, Moctezuma II, prometió muchas y buenas cosas, y dijo que Ahuitzotl se equivocaba con los extranjeros que habían venido en casas flotantes por el gran lago de oriente, porque entre ellos sí venía Quetzalcóatl, y que en el final de los tiempos no habría temblores de tierra y hambres terribles, sino un nuevo mundo lleno de riquezas y gloria, y que se viviría mucho mejor que en las tierras de Mu y en la ciudad de Aztlán. Y, para dar muestra de la bonanza que esperaba a los aztecas, Moctezuma, cuando faltaban cinco años para el cumplimiento del año 1-Caña, dio licencia a los ejércitos, a los espías, a los administradores y a los sacerdotes, y declaró que esos años serían como los cinco últimos días de cada año, es decir, años de holganza, permisividad y fiesta.

De esta manera, muchos de los que pensaban irse, no se fueron. Pero sucedió una cosa extraña, de la cual el pueblo no fue consciente hasta que era demasiado tarde, y era que, poco a poco, los monarcas de muchos de los pueblos aliados iban desapareciendo con todo y sus familias y sus grandes sacerdotes, dejando al mando a sus caciques, a sus *xolotl* (gemelos o pares *tlatoani,* que hacían las funciones de rey cuando el monarca no estaba), o a sus parientes o entenados, bastardos o no carnales, para que gobernaran en su ausencia.

¿Cuántos se fueron a Mu? No se sabe, porque muchos corrieron a evacuarse cuando los invasores ya estaban en el palacio del imperio, pero cuentan que de los 16 millones censados en todas las provincias dominadas por los aztecas, a los invasores sólo les quedaron unos 6 millones, y que a los 10 millones de desaparecidos, no los mató la guerra, ni las enfermedades traídas por los españoles, sino que se fueron a las tierras de Mu y a la ciudad de Aztlán.

—¿Y dónde está en realidad la ciudad de Aztlán? —le preguntó un *tecolote* negro a un *nahual*.

—Ya que te has quedado, como yo, a ver el nacimiento del nuevo mundo en esta tierra, te diré dónde está Aztlán: Aztlán era una hermosa y gran ciudad situada en las tierras de Mu, justo en medio del gran lago que hay ahora situado en el oriente, al que los españoles llaman Atlántico, y allí estuvo situada hasta que hace unos cinco o seis mil años atrás empezaron a haber movimientos de tierra y muchas lluvias, y las tierras de Mu fueron tragadas por el gran lago. Entonces los dioses, para que no se perdiera tan hermosa urbe, la cogieron y la levantaron, y se la llevaron hacia una tierra que hay más allá de los cielos, pero que es igual a ésta, con los mismos árboles y las mismas especies de aves, peces y animales, y allí la pusieron. Durante muchos años nuestros padres antepasados fueron y vinieron a su gusto, pero a partir de las luchas de los dioses, hace unos tres mil años, cuando las serpientes de las nubes se flechaban unas a otras con rayos poderosos, se dejó de ir y venir, y los hombres olvidaron el camino, y muchos se quedaron a vivir aquí, y aquí crecieron y fundaron sus ciudades y veneraron a sus dioses. Los últimos en venir de Aztlán, cuando ésta ya estaba más allá de los cielos, fueron los mexicas, nuestros padres antepasados, y aquí reconocieron, por su lengua y sus costumbres, a otros que también procedían de Aztlán, y algunos lo recordaban, pero otros no, y así se fueron asentando en esta tierra, buscando la señal de los dioses para fundar Tenochtitlan. Lo malo fue que calcularon mal el tiempo, porque lo que es un día para Aztlán, para esta tierra son muchos haces de años, y mientras en Aztlán aún no han mudado más de dos generaciones, aquí han pasado varias, y la memoria se ha ido perdiendo de unas a otras, hasta llegar al olvido total, o al recuerdo engañoso. Aztlán está al noroeste de esta tierra, pero no a la misma altura, sino siguiendo la línea de la estrella de la mañana, o la del lucero de la tarde, y hasta allí no se puede llegar a pie, ni en *akaltontli,* ni siquiera en una casa flotante o encima de una bestia como hacen los españoles. Para llegar allá te tiene que llevar un dios o un demonio en su serpiente de nubes, pero ahora ya es tarde, ya no puede ir nadie más. Así que no importa que sepas dónde está, porque no podrás nunca ir para allá, al menos no con este cuerpo ni en esta vida, ni en muchas otras que vengan por delante, porque habrá que esperar a que cambien otra vez de posición las estrellas para que el viaje vuelva a ser posible, por lo menos otro Sol, unos 676 años, posiblemente en un año 1-Caña, *ce-acatl.* Sólo para entonces, los aztecas del año 2195, según el nuevo calendario impuesto por los españoles, podrán ir a Mu y visitar Aztlán, y aunque aquí hayan pasado muchas generaciones, es posible que en Aztlán sigan vivos y jóvenes muchos de los que se fueron hace sólo unos cuantos días.

Así habló el *nahual,* y en el corazón del *tecolote* se abrió un rayo de esperanza.

CAPÍTULO VII
Astrología Azteca

> «El primer mes del año de los mexicas se llamaba atlcahualo, y comenzaba el 2 de febrero de nuestro año, curiosamente, justo el día que celebramos la Purificación de Nuestra Señora, el día de la Candelaria.»
>
> FRAY BERNARDINO DE SAHAGÚN

Una de las cosas que más llamó al atención de los primeros investigadores de la civilización azteca, fue su fascinante dominio sobre las matemáticas, la astronomía y el calendario, y, por supuesto, que aquellos seres de apariencia salvaje y poco cultivada, tuvieran todo un sistema astrológico, tan complejo y depurado como la más avanzada Astrología Judiciaria de aquella época.

En el calendario azteca se combinan la sabiduría estelar de pueblos como el olmeca y el tolteca, y se implican, en un cálculo aguzado, tres ciclos cronológicos:

- *El ritual o lunar.*
- *El solar.*
- *El venusino.*

Hay veces que su calendario parece estar encontrado, ya que sus leyendas a veces parecen contradecir su capacidad para establecer y vaticinar los eclipses de sol y de luna, o para cifrar con exactitud los movimientos de Venus. Pero no hay contradicción real, simplemente son distintas maneras de ver una misma realidad, dependiendo de la función que quisieran darle.

El calendario ritual o lunar (*tonalpoualli*) constaba de 260 días, y en el se cifraban la cuenta de los signos o la cuenta de los destinos, contando con 20 signos y una numeración cíclica de 13 números. Ambas series se desarrollan de manera paralela y continua, de forma que cada signo esté asociado con cada una de las trece cifras. Así se obtenían las 260 combinaciones que le daban nombre al día: 1-Lagartija, 13-Águila, 8-Conejo, 10Movimiento, etc., y, de la misma manera, el ciclo se dividía en 20 trecenas, es decir, en series ordenadas de binomios de trece días, desde el 1-Caimán, por ejemplo, hasta el 13-Flor, y así sucesivamente.

En base a este calendario se hacían las adivinaciones de personalidad, fortuna y destino para cada persona, y también se calculaban otras cosas tan cotidianas como la siembra, la cosecha y la duración de los embarazos.

El calendario lunar no deja de girar nunca, pero sobre él aparece el calendario solar, con 365 días anuales completos, llamado *xiutl,* dividido en 18 meses de 20 días cada uno, más los cinco días de holganza o «vacíos» que completan el ciclo.

Por supuesto, el calendario solar es tan ritual como el lunar, ya que el calendario solar marca y da nombre al mes con la festividad o ceremonia que se llevaba a cabo durante ese período:

- Primer mes: la interrupción del agua.
- Segundo mes: el desollamiento o sacrificio de los hombres.

- Tercer mes: la pequeña penitencia o vigilia.
- Cuarto mes: la gran vigilia.
- Quinto mes: etapa de sequía.
- Sexto mes: etapa de comer ejotes con maíz.
- Séptimo mes: pequeña fiesta de los señores.
- Octavo mes: gran fiesta de los señores.
- Noveno mes: la ofrenda de las flores.
- Décimo mes: la recolección de fruta.
- Undécimo mes: etapa de barrer y fregar.
- Duodécimo mes: el retorno de los dioses.
- Decimotercer mes: fiesta de las montañas.
- Decimocuarto mes: fiesta de las aves *quecholli*.
- Decimoquinto mes: celebración de la banderas emplumadas.
- Decimosexto mes: descenso de las aguas.
- Decimoséptimo mes: etapa del estiramiento.
- Decimoctavo mes: etapa del crecimiento.

De hecho, cada día del calendario azteca estaba dedicado a una fiesta, ceremonia o divinidad, todos los días eran *iluitl,* o festivos, aunque, por supuesto, no todos los días tenían la misma importancia a la hora de hacer una ceremonia, ni todos los días se permitía beber pulque en exceso o tener relaciones carnales a diestro y siniestro; los excesos estaba permitidos sólo tres o cuatro días a la semana.

Las fiestas y las ceremonias eran tan constantes e importantes en la vida azteca, que los últimos cinco días del año no había deidad ni festividad que tuviera que celebrarse, eran días *nemontemi,* de holganza, vacíos, de licencia, sin obligación a celebrar nada, que ya durante todo el año se había celebrado bastante.

Piedra del Sol de Tenochtitlan
(Museo de Arqueología de la Ciudad de México)

La combinación entre el calendario lunar y el calendario solar daba lugar a que cada 52 años coincidieran ambos, de esta manera, 73 años lunares eran igual a 52 años solares, y al llegar a este punto se tenía que volver a empezar de cero.

Pero, por si esto no fuera suficiente, el calendario azteca incluye otro cómputo en sus mediciones, el año venusino, que para los aztecas constaba de 584 días, con lo que cada 8 años solares, se cumplían 5 años venusinos; cada 16 años solares, se cumplían 10 años venusinos; cada 32 años solares, 20 años venusinos; cada 64 años solares, 40 venusinos; cada 96 años solares, 60 venusinos; y cada 104 años solares, 65 venusinos y 146 años lunares; aquí se volvía a cerrar el ciclo de «una vejez», y se volvía a empezar de cero.

De esta manera, cada 52 años era un fin de los tiempos, pero cada 104 años era un fin del fin de los tiempos (Cortés llegó a Tenochtitlan, precisamente, un año 1-Caña, que representaba el fin del fin de los tiempos, es decir, que coincidían los años lunares, solares y venusinos en un cierre de cuentas.

• Los 20 signos

Dentro del complejo, que no complicado, calendario azteca, había que colocar los siguientes 20 signos:

•Caimán: *cipactli*, por ser el primero de los signos, es uno de los más afortunados, ya que promete buenos negocios, buenas cosechas, batallas ganadas y toda clase de triunfos y de honores, sea cual sea el rango o la posición social. Eso sí, a las mujeres las puede hacer demasiado virtuosas o solteronas, y a los hombres demasiado fanfarrones e indiscretos.

•Viento: *ehecatl*, es un signo inteligente, idealista, humanitario y con muy buenas ideas para las artes y las ciencias, pero no es muy afortunado en las pasiones ni en los amores. Eso sí, aguanta como nadie los reveses y los fracasos de la vida.

•Casa: *calli*, que es, obviamente, un signo hogareño, conformista, conservador, tranquilo, estudioso, tradicional, y al que no le gustan los viajes, es un buen signo por regla general, pero carece de fuerza para afrontar los grandes problemas.

•Lagartija: *cuetzpallin*, es un signo vitalista, deportista, de buena salud, resistente al dolor, buen guerrero, buena paridora; algo impulsivo, apasionado, pendenciero y violento, pero muy buen signo.

•Serpiente: *coatl*, signo trabajador y luchador que consigue la riqueza y la prosperidad, pero no tiene suerte ni beneficios gratis, así que tendrá que seguir trabajando para ser un buen signo.

•Muerte: *miquixtli*, buen signo para *nahuales* y *tecolotes*, porque tiene mucha fantasía, magia, intuición y mundo interior; mal signo para los demás, porque da mala salud, mal comer y nostalgia.

•Venado: *mazatl*, mal signo en general, porque siempre rehuye las cosas, es tímido, timorato y taimado. Eso sí, resiste mucho, y puede ser buen signo para el que le guste viajar.

•Conejo: *tochtli*, buen signo para el campo, mal signo para la ciudad. En el campo ganará riqueza y respeto, en la ciudad todo se le irá en beber pulque.

•Agua: *atl*, buen signo sólo para los que viven en el agua o sobre las *akaltontlis* (canoas, barcos), mal signo para los demás, ya que está lleno de tristeza, catástrofes, soledad, encierro, dejadez e insatisfacción, y siempre está triste o enfadado.

•Perro: *itzcuintli*, signo benéfico, propio de gentes generosas, valientes, francas, sencillas, abiertas y de buen comer. Este signo dará buena suerte al morir, porque es un perro (y de pelo bermejo) el que ayuda a cruzar el río de las nueve corrientes a los muertos. No confundir con el *tepezcuintle,* que era el perro negro y sin pelo que se criaba para comer.

•Mono: *ozomatli*, signo más o menos bueno, porque tiene sus más y sus menos, y si bien tiene simpatía y buen humor, y gusta a la gente, también es embaucador, bromista, poco serio, oportunista, interesado, desleal y dado a excesos de sexo y pulque. Es bueno para los artistas.

•Hierba seca: *malinalli*, mal signo para los niños, porque trae mucha muerte y enfermedades en la infancia, pero muy buen signo si superan las malas etapas, porque promete fortuna, fama y sensibilidad. Eso sí, tiene muy mal carácter y es muy caprichoso.

•Caña: *acatl*, buen signo, porque es de mucho hablar, de mucho comer y de mucho beber, y al menos sabrá disfrutar de la vida. También tiene facultades para curar, adivinar y estudiar. Pero cuidado, no se puede confiar en este signo, porque cambia como el aire.

•Ocelote: *ocelotl*, también conocido como tigre, puma o jaguar, es un signo valiente, pero muy inconsciente. Le gusta luchar y vencer, llegar y ganar, lucir y sobresalir, batallar y trabajar. Pero tiene mucho orgullo, poca fidelidad en el amor y mucho gusto por el peligro.

•Aguila: *cuauhtli*, buen signo, aunque tiene sus defectos,

con valor de verdad y mucho sentido de la justicia, pero también con muchos celos, mucho fanatismo y mucho sacrificio, que cuando tiene el mando en la mano no sabe qué hacer con él. Mejor si tiene un buen consejero.

•Zopilote: *cozcacuauhtli*, buen signo, aunque no tenga muy buen carácter y se acostumbre a que todo se lo den hecho, porque vivirá mucho y conocerá muchas cosas, buenas y malas, y se deleitará en vivir. Signo benéfico para los ancianos, así como para todos los que enseñen algo, regulen la justicia o tengan el mando.

•Movimiento: *ollin*, signo de suerte e inteligente, pero también muy mandón y exigente con los demás. Tanta suerte tiene este signo y tanta belleza da, que la envidia, el egoísmo y los celos serán inevitables compañeros de viaje, y hasta la ruina si se confía demasiado.

•Pedernal: *tecpatl*, signo de buena suerte, aunque para llegar a ella tendrá que sufrir mucho y curtirse con los problemas. Este signo, por lo tanto, tiene fuerza, voluntad, disciplina, constancia y tenacidad. Eso sí, a veces es un poco frío y le cuesta demostrar sus sentimientos.

•Lluvia: *cuiauitl*, signo fuerte y poderoso, pero algo incontrolado que puede caer en destrucciones y autodestrucción. Este signo lleva muchas luchas interiores. Bueno sólo para sacerdotes y hechiceros, aunque también corren el peligro de sufrir su propia vehemencia.

•Flor: *xochitl*, signo más o menos bueno, porque así como

da, quita, y lo que da dura poco, o cuesta mucho conservarlo. Favorece a los artistas y a los poetas, pero no da riquezas ni cosas duraderas. También induce a jugar mucho y a llevar una vida desenfrenada.

Y de estos signos extraer sus características, ya que dependiendo del año y el día en que se había nacido, se podía ser mejor o peor persona, o tener un buen o mal destino.

Tanto chamanes, como *nahuales* y *tecolotes,* eran consultados para saber el signo al que se pertenecía, si éste era bueno o malo, y si se podía hacer alguna cosa para cambiarlo o para mejorarlo, cosa que casi siempre se podía hacer..., si el pago era bueno.

No hay que olvidar que el azteca de a pie, entre tanta religión, profecía y ceremonia, vivía inmerso en un mundo mágico de visiones y milagrerías, sin darse apenas cuenta de ello, porque eso era lo normal, lo que hacía todo el mundo. Por eso, cuando la Iglesia introdujo a sus dioses, los aztecas los adoptaron de inmediato, sobre todo a las vírgenes, porque también eran capaces de cambiar y de mejorar el destino de las personas.

El azteca ya estaba acostumbrado a las penitencias y a las ofrendas, por lo que flagelarse, caminar de rodillas cientos de metros, llevar flores o velas a la iglesia, era un bálsamo de aceite comparado con tener que entregar la sangre, el corazón o una bolsa llena de cacao.

Para el azteca todo era ritual y mágico, desde barrer la casa (acto de limpieza higiénica y de limpieza espiritual) hasta romper la vajilla al cumplirse un ciclo de 52 años. Cada 52 años se cumplía el fin del mundo, y muchos aztecas se lo tomaban tan a pecho, que destruían todo lo que tenían para empezar el nuevo ciclo de cero.

Una persona que alcanzaba con vida los 52 años, ya era considerada toda una institución, y se le permitían todo tipo de licencias. Pasar de los 52 años significaba entrar en la dignidad de los ancianos, y se podía empezar una nueva vida más plena y deleitosa. Cada año que se cumplía después de los 52, era un regalo de los dioses. Todo se potenciaba a partir de los 52, y se aumentaba automáticamente de rango en la ciencia, el arte, la religión, la milicia, etc., y se pasaba a un estado mejor, sobre todo si el anciano en cuestión conservaba en buen estado su cabellera.

Como en el caso de muchos otros pueblos antiguos, para los aztecas buena parte del poder personal, sobre todo si se trataba de un poder mágico, radicaba en la cabellera. En un pueblo lampiño, en donde el vello corporal y las barbas y los bigotes escaseaban, el cabello se cuidaba con especial esmero, sobre todo si se había nacido 3-Calli (3-Casa) o 7-Xochitl (7-Flor), signos considerados femeninos y de poco pelo. Para evitar la pérdida de cabello, los aztecas habían inventado toda clase de remedios naturales, como el *tepezcohuite,* el limón, el barro o las cáscaras de boniatos, o como el corte en los días de luna llena, ya que el pelo, como las plantas, crecía de lunación en lunación.

La astrología, además de su aspecto supersticioso y adivinatorio, servía para conocer mejor a los demás y para aprender otros aspectos del calendario, como las fechas señaladas, la estación de siembras para cada cereal o fruto, la época de recolección, las cuentas, las sumas y las restas, lecciones morales, tradiciones, y hasta las etapas de fertilidad de los animales y de los humanos.

De haber existido un medio de comunicación como el

periódico actual, los aztecas habrían devorado todos los días la sección de los horóscopos. Hoy en día aún existen chamanes, *nahuales* y brujos indígenas que se precian de conocer el calendario y su uso, y saben en qué año están, qué día es y qué se debe celebrar o hacer en tal año o en tal día.

Al pertenecer al hemisferio boreal, la astrología azteca y el calendario donde se basaba tenían muchas coincidencias con las fiestas religiosas venidas desde Europa, cosa que aprovechó inmediatamente la Iglesia para calar en los gustos religiosos de los indígenas.

La virgen casta Tonatzin que precedía a los días de holganza, casaba perfectamente con la Inmaculada Concepción, por lo que no fue nada difícil sustituirla por la extremeña Virgen de Guadalupe, tan morena como la Tonatzin, e instalarla en su mismo santuario en el cerro conocido como Tepeyac. El Miquixtli, o día de los muertos, curiosamente correspondía con el día de las ánimas, o de Todos los Santos, y era tal la coincidencia, que los españoles jamás pudieron convencer a los indígenas de no celebrar tan estentórea y abiertamente algo tan tabú en Europa, como era la muerte.

• Los dioses del calendario

Cada año solar, además, tenía su propio signo, aunque sólo se pudiera disponer de cuatro para señalarlos (como los signos cardinales de la astrología occidental): caña, pedernal, casa y conejo, y había nueve dioses para custodiar cada trecena en una relación cíclica, continua y paralela. Veamos cuáles son estos dioses:

- *Tepeyollotl*, o corazón de montaña, protector de la noche y el misterio.

- *Chalchiuhtlicue*, o diosa falda de jade, protectora de fuentes y arroyos.

- *Tlazolteotl*, diosa de la carnalidad, protectora del pecado carnal y el adulterio.

- *Centeotl*, dios del maíz, protector de las cosechas y las ambiciones.

- *Tláloc*, dios de la lluvia, protector de la abundancia y la fecundidad.

- *Mictlantecutli*, dios de la muerte y el infierno, protector de la intuición, la magia y la maternidad.

- *Itztli*, dios de la obsidiana, protector de los sufrimientos y los reveses.

- *Xiuhtecutli*, dios de la turquesa, protector de las leyes y la justicia.

- *Tonatiuh*, dios sol, protector de la infancia y la vida.

Cada dios, al igual que cada signo y que cada año, tienen una doble vertiente interpretativa, ya que para los aztecas todo viene a pares, y en cada bien se esconde un mal, y en cada mal se esconde un bien; todo lo masculino tiene un aspecto femenino, y todo lo femenino tiene un aspecto masculino; todo pecado conlleva un perdón, y todo triunfo conlleva un castigo, y viceversa.

Los aztecas eran mucho menos machistas que los españoles y mucho más abiertos, incluso en lo que se refiere a los tabúes del incesto, la homosexualidad, la pederastia y el adulterio, que si bien también eran considerados como pecados, no los soslayaban ni escondían en sus textos, y tampoco buscaban subterfugios para camuflar lo que se era, porque, pecados al fin y al cabo, tenían solución y perdón adecuadamente tratados. Por ejemplo, entre los aztecas se sabía que las mujeres conejo tenían más deseos sexuales que otras mujeres, y así lo podían ellas manifestar abiertamente, algo impensable en la mujer europea, ni siquiera entre las prostitutas, que sólo podían manifestar sus apetencias en la intimidad o en el burdel, o cuando se ofrecían en los sórdidos lugares habituales para ellas. Pero incluso la doble moral hispana se adaptó perfectamente al mundo azteca, ya que a través de esta fórmula los indígenas encontraron la forma de emular a sus dioses, es decir, de engañar a los demás aparentando una perfecta adaptación, pero sin dejar de hacer lo que siempre han hecho.

Prueba de ello, es que en la actualidad los pueblos nahuas que sobrevivieron a la conquista, la colonia, la independencia, la revolución y los tiempos actuales, aún siguen venerando y festejando a sus propios dioses con sus propias danzas y vestimentas, aunque para ello tengan que ir cada fecha señalada y cada domingo a una iglesia que no es la suya, sino un edificio que ha suplantado el lugar de sus verdaderos templos. Simplemente están esperando a que venga el Séptimo Sol en un año 1-Caña, para recuperar nuevamente lo que nunca se ha perdido, pero que vive enmascarado en otros ídolos y en otros templos, en otro calendario. Porque la Máscara Sagrada que entregó el último *tlatoani* tiene que ser recuperada cuando se cumplan los 65 ciclos de las tres conjunciones de los calendarios lunar, solar y venusino. Este podría ser, sin duda, uno de los últimos mitos aztecas.

Bibliografía

Anales de Cuauhtitlán y leyenda de los soles, Códice Chimalpopoca, traducción directa del nahuatl, Primo Feliciano Velázquez, Imprenta Universitaria, México, 1945.

Camargo, Diego Muñoz, *Historia de Tlaxcala*, ed. Alfredo Chavero, México, 1892.

Caso, Alfonso, *El pueblo del Sol*, Fondo de Cultura Económica, México, 1953.

Díaz del Castillo, Bernal, *Historia verdadera de la conquista de la Nueva España*, ed. Miguel León Portilla, Madrid, 1984.

Diederichs Verlag, Eugene, *Mitos y Leyendas de los Aztecas, Incas, Mayas y Muiscas*, Fondo de Cultura Económica, México, 1971.

Durán, Fray Diego, *Historia de las indias de la Nueva España e Islas de la Tierra Firme*, (1588) Editorial Porrúa, México, 1967.

El Paseante, nº 15-16, textos de Carlos Monsiváis, Octavio Paz, Juan José Arreola, Carlos Fuentes, Elena Poniatowska, Alfonso Reyes y Juan Rulfo, Ediciones Siruela, Madrid, 1985.

Garibay, Angel María, *Historia de la literatura nahuatl*, Editorial Porrúa, México, 1971.

Las Casas, Fray Bartolomé de, *Apologética Historia Sumaria*, UNAM, Instituto de Investigaciones Históricas, México, 1967.

León Portilla, Miguel, *La filosofía nahuatl*, UNAM, México, 1979.

Montès, Carlo, *Horóscopos Aztecas*, Ediciones Juan Granica, Barcelona, 1986.

Passuth, Lazlo, *El dios de la lluvia llora sobre México*, Plaza y Janés, Barcelona, 1977.

Sabloff A., Jeremy, *Las ciudades del antiguo México*, Ediciones Destino, Barcelona, 1991.

Sahagún, Fray Bernardino, *Historia general de las cosas de la Nueva España*, (1575), Editorial Porrúa, México, 1982.

Índice

·OLIMPO·

· TÍTULOS DE LA COLECCIÓN ·

1. MITOLOGÍA GRIEGA,
Francesc Lluis Cardona

2. MITOLOGÍA ROMANA,
Francesc Lluis Cardona

3. LEYENDA Y MISTERIO DE LOS AZTECAS,
J. Tapia Rodríguez

4. MITOLOGÍA EGIPCIA,
W. Max Müller

5. MITOS Y LEYENDAS DE LOS MAYAS,
R. R. Ayala

6. SERES FABULOSOS DE LA MITOLOGÍA,
Joseph M. Walker